CB078201

JOY MARIE CLARKSON

teimosamente feliz

Porque a vida pode ser boa

Traduzido por Claudia Santana Martins

mundocristão

Copyright © 2022 por Joy Marie Clarkson
Publicado originalmente por Baker Publishing Group, Grand Rapids, Michigan, EUA.

Os textos bíblicos foram extraídos da *Nova Versão Transformadora* (NVT), da Tyndale House Foundation, salvo indicação específica.

Todos os direitos reservados e protegidos pela Lei 9.610, de 19/02/1998.

É expressamente proibida a reprodução total ou parcial deste livro, por quaisquer meios (eletrônicos, mecânicos, fotográficos, gravação e outros), sem prévia autorização, por escrito, da editora.

CIP-Brasil. Catalogação na publicação
Sindicato Nacional dos Editores de Livros, RJ

C546t

Clarkson, Joy Marie
Teimosamente feliz : porque a vida pode ser boa / Joy Marie Clarkson ; tradução Claudia Santana Martins. - 1. ed. - São Paulo : Mundo Cristão, 2025.
224 p.

Tradução de: Aggressively happy
ISBN 978-65-5988-472-8

1. Vida cristã. 2. Felicidade - Aspectos religiosos - Cristianismo. I. Martins, Claudia Santana. II. Título.

25-98542.1 CDD: 248.4
CDU: 27-584

Carla Rosa Martins Gonçalves - Bibliotecária - CRB-7/4782

Categoria: Espiritualidade
1ª edição: agosto de 2025

Edição
Daniel Faria

Revisão
Ana Luiza Ferreira

Produção e diagramação
Felipe Marques

Colaboração
Gabrielli Casseta
Guilherme H. Lorenzetti

Adaptação de capa
Jonatas Belan

Publicado no Brasil com todos os direitos reservados por:

Editora Mundo Cristão
Rua Antônio Carlos Tacconi, 69
São Paulo, SP, Brasil
CEP 04810-020
Telefone: (11) 2127-4147
www.mundocristao.com.br

Para Lilian Joy,
que me faz teimosamente feliz

Alegre-se apesar de considerar todos os fatos.

Wendell Berry, *Manifesto: Frente de Libertação do Fazendeiro Irado*

Por fim, meus irmãos, alegrem-se no Senhor. Nunca me canso de dizer-lhes estas coisas, e o faço para protegê-los.

Filipenses 3.1

Sumário

Prefácio

Minha ideia de um bom livro é bastante simples.

Acredito muito que a construção de frases, o vocabulário, o *storytelling* oferecem suas contribuições. Mas o fator decisivo no meu veredicto é algo completamente pessoal. Para mim, um bom livro é aquele em que, durante a leitura, eu balanço a cabeça repetidamente e sussurro "sim!" depois de ler uma frase que sempre esteve no meu coração, mas nunca consegui expressar de forma clara. É aquele em que consigo reconhecer minha própria alma nas palavras, quer ela esteja sendo acolhida, quer confrontada. É quando fecho os olhos por alguns segundos para absorver a descrição perfeita de um sentimento que conheço bem, ou de um lugar em que minha mente esteve, e eu acreditava que ninguém mais havia estado. Você pode ler muitos livros bons, mas apenas um bom livro pode ler você.

Teimosamente feliz é um desses livros. Ele fala a língua de todas as pessoas amaldiçoadas com a bênção (ou abençoadas com a maldição) de sentir demais. Ele conta uma história de que a vida é bonita, não com o idealismo febril de um alienado, mas com a esperança de um redimido. Ele se abaixa, no nível dos olhos, e se dispõe a compartilhar suas experiências com a leveza de um encontro na cafeteria, com uma amiga querida, tão humana quanto você.

Este livro me encontrou bem no momento em que terminei a releitura de um dos meus livros bíblicos favoritos. O finzinho de Eclesiastes soara diferente dessa vez, quando percebi que "Afasta do teu coração o desgosto" e "Remove da tua carne a dor" não eram posturas passivas como eu acreditava. Na minha luta com o lado obscuro da melancolia, sempre achei que felicidade e tristeza fossem coisas que nos sobrevêm, sem que tenhamos escolha. Mas percebi, depois de ouvir novamente o que aqueles versículos tinham a dizer, que se tratava mais de uma postura, uma decisão. Eu precisava arregaçar as mangas e afastar o desgosto do meu coração.

Eu precisava ser teimosa.

"Mas como eu faço isso, Senhor?" Talvez este livro tenha sido a resposta. Às vezes, sinto que minha existência é um constante ano letivo com o Senhor, em que ele pacientemente me ensina a viver. Algumas lições são mais árduas que outras. Algumas, eu imploro a ele para adiar. (Acho que não preciso comentar sobre o período de provas.) E, de vez em quando, temos aquelas aulas dinâmicas, como os dias em que o professor escolhe fazer uma brincadeira ou apresentar um filme, e o clima leve e divertido faz você desejar que todas as lições sejam assim.

Teimosamente feliz é uma dessas lições leves. Aprendi com ele a aceitar minha própria fragilidade. Aprendi que, se quero ser feliz de verdade, preciso conquistar isso. E o trabalho envolve aceitar a dor, enxergar a graça, contar boas histórias, e muitos outros passos que, longe de compor um manual infalível, estão mais para um bloquinho de post-its com coisas importantes que já sabemos, mas somos tentados a esquecer.

Porque esquecemos que, mesmo nos dias sombrios, ainda existe esperança. Que na ausência da pessoa de quem sentimos falta, há a presença de outras que estão ali por nós. Que nos "nãos" do Senhor há cuidado. E que a alegria que tanto negligenciamos, só porque a dor oferece uma casa mais confortável, também é um fruto do Espírito, e um direito de todos aqueles que se tornaram filhos de Deus.

Mas, como todo direito, é preciso lutar por ele. É preciso recusar-se a desistir e ser corajoso. E é preciso reconhecer sua própria vulnerabilidade e pedir ajuda.

"Eu preciso de ajuda para ser feliz."

Parece uma frase que alguém teimoso diria.

Vitória Souza
Autora de Aurora e Círculos não são infinitos

INTRODUÇÃO

Decida viver

Há mil milhares de razões para viver esta vida,
cada uma delas suficiente.

Marilynne Robinson, *Gilead*

Era o dia 31 de dezembro, às 6 horas e 45 minutos da manhã. Minha companheira de quarto ainda estava dormindo pesado, as cobertas puxadas por sobre a cabeça erguendo-se e abaixando ao ritmo de sua respiração profunda. Sentei-me na cama com uma xícara de chá quente e uma vela acesa, absolutamente feliz. Sempre amei a quietude antes de o mundo despertar, quando há silêncio o bastante para escutar com mais clareza os murmúrios de nossas esperanças e desejos.

Naquela manhã eu tinha um objetivo: preparar-me para o novo ano. Enquanto bebia meu chá, examinava o ano passado em minha mente como se estivesse folheando um livro de gravuras, apreciando tudo o que era bom, as lembranças felizes que formara, instantes de crescimento. Tinha havido dificuldades, sim, mas elas pareciam sobrepujadas em muito pelo que era bom. Enquanto a xícara irradiava calor pela ponta de meus dedos, meu coração se aquecia com a gratidão.

Senti uma paz profunda e palpável. A partir dessa quietude, uma mensagem chegou ao meu coração.

Este ano será difícil. Você irá sofrer. As pessoas a quem você ama irão sofrer. Prepare-se.

Parei e abri os olhos. *Provavelmente é o transtorno de ansiedade generalizada que está falando*, pensei. Estou acostumada com uma sensação constante de desgraça iminente e com imagens importunas de tudo o que pode dar errado, desde pratos quebrados até e-mails enviados para o remetente errado, pernas e braços esmagados, catástrofe nuclear global. Tudo em um só dia! Li um artigo recentemente que revelou que uma grande parte dos adultos diagnosticados com ansiedade, depressão e transtorno obsessivo-compulsivo (TOC) é de descendência escocesa-irlandesa. Talvez tenham sido séculos de chuva lançando melancolia sarcástica em nosso código genético, ou uma história de conflito familiar com nossa irmã moralista, a Inglaterra. Seja qual for a razão, os Clarksons não contrariaram essa tendência. A família do meu pai veio de Edimburgo e a da minha mãe, de Belfast. Se Deus quisesse que fôssemos tranquilos, teria nos feito finlandeses! (A Finlândia costuma ganhar seguidamente o prêmio de "país mais feliz do mundo".) Muitas vezes ensaiei mentalmente um pequeno discurso para meu futuro esposo sobre a alta probabilidade de nossos filhos herdarem uma doença mental: *Querido, minha contribuição serão ótimos cabelos, péssimos joelhos e depressão clínica.* Mas será que Yeats, Heaney e Hopkins teriam escrito poemas tão belos se não fossem tão tristes? Apesar de pouquíssimos sinais de uma carreira de sucesso na poesia, consolo-me com esses pensamentos.

Então minha primeira tendência foi chamar a voz negativa e pessimista em minha cabeça de pensamento intrusivo, morder algo com proteína, fazer alguns exercícios de respiração e ir em frente deleitando-me com a manhã quase perfeita. Levemente agitada, fechei os olhos, tentando recuperar a tranquilidade. Mas a mensagem veio novamente, tão clara como se minha companheira de quarto houvesse emergido de seu casulo de sono para ditar ela própria a mensagem:

Este ano será difícil. Você irá sofrer. As pessoas a quem você ama irão sofrer. Prepare-se.

Foi como se eu tivesse pausado uma canção, que agora retornava em um volume levemente mais alto. Sacudi a cabeça outra vez, esperando que aquele pensamento pudesse escorrer para fora de meu ouvido esquerdo como um punhado de água insolente da piscina do ginásio da faculdade. Mas, com um último ímpeto de urgência, senti que aquilo era inegavelmente verdadeiro.

Aquele ano seria difícil. Eu iria sofrer. Precisava me preparar.

Dessa vez eu prestei atenção. Sabia, em meu âmago, que aquela não era a voz do medo ou da ansiedade. Não era raivosa; eu não estava sendo punida. Era a voz de minha mãe me chamando para me avisar que havia um engarrafamento no caminho e que eu devia sair um pouco mais cedo. Era a voz de uma amiga me dando dicas sobre as altas exigências de um professor rigoroso. Era a voz de um médico, prestes a extrair sangue, dois segundos antes de a agulha penetrar.

Desespero silencioso

Não contei a ninguém sobre aquele mau presságio. Não sou do tipo que recebe mensagens diretas de Deus. Vez ou outra já desejei escutar uma voz audível dos céus anunciando definitivamente que Deus existe, ou me dizendo com quem casar ou onde fazer pós-graduação. Mas, infelizmente, estou sujeita, como a maioria das outras pessoas, aos caprichos da oração, da crença, da fé. Para falar a verdade, muitas vezes duvidei daqueles que parecem ter o número do telefone particular de Deus. Simplesmente não parece realista dizer que Deus lhe indicou onde estacionar, e acho que seria melhor dizer ao namorado que você não está tão apaixonada assim por ele em vez de dizer que Deus lhe falou para romper com ele (desse jeito você joga tanto a desaprovação divina *quanto* a romântica sobre o coitado do rapaz). Para mim, a oração geralmente é mais uma forma de dissipar o clamor da vida e a premência de minhas inseguranças para que eu possa ouvir a voz firme e calma da sabedoria murmurando por baixo disso tudo. É por isso que essa experiência foi tão estranha. Havia uma atmosfera de teoria da conspiração, de pregador de rua em torno dela. Senti-me quase envergonhada. E, além de envergonhada, fiquei irritada. Durante vinte e tantos anos minhas chamadas haviam ido para a caixa postal e, de repente, recebo uma mensagem de um número oculto com uma voz agourenta do outro lado me dizendo que eu iria sofrer.

Portanto, não contei para ninguém e fui em frente, esperando tranquilamente que a bomba explodisse. E explodiu.

Desonramos uma dor quando a contamos a muitas pessoas, creio, e não era apenas a minha dor a contar, então espero que vocês me desculpem se eu não compartilhar os detalhes aqui. Basta dizer que foi arrasador, que o drama foi se avolumando e que não havia como ter um final feliz. Entretanto, apesar da dor imensa de tudo aquilo exigindo minha total atenção, eu, de algum modo, consegui me formar na faculdade, ser aceita em Oxford e Yale para fazer cursos sobre religião e literatura, e recusar ambos os cursos. Tentei de todas as maneiras me convencer a aceitar uma das oportunidades — mas não consegui. Quanto mais orava para que tudo se resolvesse, e quanto mais procurava aquela voz tranquila, mais ela se esquivava de mim. Não conseguia ficar em paz em relação àquelas propostas, então as recusei, parcialmente convencida de que era o que Deus queria que eu fizesse e parcialmente convencida de que era louca por rejeitar as melhores oportunidades que jamais poderia receber.

Acima de tudo, eu estava exausta. Quando era sincera comigo mesma, temia que, frágil como estava, se tivesse ido fazer aqueles cursos, teria me estilhaçado, desmoronado e fracassado. Vejo agora que havia sabedoria em minha hesitação, mas na época tudo o que eu sentia era que estava sendo idiota ao rejeitar duas oportunidades de sonho. Sentia que era covarde ou tola, ou, possivelmente, ambas as coisas. Voltei para a casa dos meus pais a fim de trabalhar, poupar dinheiro e me recompor. Estava tão exausta de decepção e tristeza por tudo aquilo que mal conseguia ser simpática. Comecei a sentir que era um incômodo para todos a meu redor. Não que houvesse muita gente a meu redor, porque eu estava naquela situação insólita de voltar a um lugar onde antes eu havia sido uma pessoa muito diferente, e sentia-me estranhamente desconectada das pessoas que havia conhecido no ensino médio. Evitava os amigos porque eles pareciam constrangidos quando estavam comigo, visivelmente evitando qualquer conversa sobre o Assunto Triste, ao mesmo tempo que indicavam sua presença com uma dezena de olhares significativos ou tentavam estancar a dor ilimitada com palavras bem-intencionadas. Pela primeira vez na vida, pensei bastante em morrer. Não era bem que eu quisesse morrer. Estava apenas cansada de viver, cansada de sentir dor, cansada de me sentir perdida, cansada de ser um peso morto para as pessoas a meu redor.

Então mergulhei em alguns trabalhos desinteressantes e tentei ficar bem. Henry David Thoreau escreveu sabiamente que "a maioria das pessoas vive em um desespero silencioso",[1] e eu estava em desespero silencioso. Comecei a odiar o silêncio das madrugadas. Não tendo nada com que me distrair, minha tristeza e meus fracassos vinham me visitar. Eu tentava evitar encará-los, mas, quando não havia mais ninguém no quarto, não conseguia deixar de reconhecer sua presença persistente, seus olhares raivosos e inflexíveis. As manhãs tranquilas que outrora eram um bálsamo para minha alma agora eram como um sapato apertado criando uma bolha em carne viva, abrindo uma velha ferida novamente, sem parar.

Um de meus trabalhos desinteressantes era em uma lanchonete da região. Eu gostava do aspecto intensamente físico do trabalho e da constante interação social, que me ajudava a me distrair e me impedia de chafurdar na tristeza. Certa manhã, levantei às cinco e meia da manhã para abrir a loja. A temperatura havia caído abaixo de zero, e eu tiritava de frio enquanto abria desajeitadamente a porta do carro. Este gemeu de indignação quando me sentei, e o motor engasgou, ressentido, quando girei a chave. Liguei meu iPhone e coloquei uma playlist em ordem aleatória, esperando que alguma cantora de música folk me acordasse gentilmente.

Enquanto me afastava de meu bairro, pensei naquela manhã de dezembro quase um ano antes. Uma inveja, sim, inveja do meu eu passado por ter acesso a uma felicidade e paz tão simples, encheu-me o peito. Senti como se tivesse sido uma pessoa melhor antes, e a dor me houvesse tornado menor e frágil. Meu próprio rosto parecia estranhamente alheio quando avistei meus olhos preocupados no espelho retrovisor. Quem era aquela? Será que eu conseguiria ser feliz de novo? Sentir leveza?

Quando cheguei ao topo de uma colina, a vista de uma montanha me saudou, atraindo meu olhar para longe do espelho retrovisor. As silhuetas dos picos assomavam imensas no céu azul. Uma pitada de rosa, tão leve que quase parecia um desejo ilusório, espreitou por sobre as montanhas e soprou tons de violeta no horizonte. Senti-me grata por um instante, porque, mesmo que estivesse arrasada, o mundo continuava sendo belo. De repente, a letra da canção que eu estava escutando me chamou a atenção:

Não há justificativas
Para ir embora ou trocar de lugar
E não tem volta
Você está aqui[2]

Quando cheguei à lanchonete, deixei o motor ligado e fiquei assistindo enquanto o sol lançava seus raios a leste sobre a montanha. Os tons róseos da manhã não eram mais tímidos. Ousados, iluminavam a montanha, salpicando cada nuvem com uma convicção tecnicolor. Milhões de partículas de gelo faiscavam no asfalto do estacionamento em glória terrena. Escutei a canção outra vez.

Quando algo, uma canção ou um nascer do sol, atinge a gente bem no coração, é difícil expressar isso em palavras. Talvez seja por isso que os grandes profetas nos textos sagrados sempre soem tão delirantes ao tentar explicar suas experiências espirituais. "Era como um pássaro! Estava em chamas! A fumaça encheu todo o templo, que era também o universo!" Às vezes, momentos de beleza transcendental podem efetuar uma transformação tão completa que ficamos sem palavras. Sabemos que algo mudou, mas como podemos explicar? Sem soar menor e, de algum modo, menos maravilhoso do que foi?

Mas vou tentar.

Algo na alquimia do nascer do sol e na delicada repreensão da letra da canção iniciou algo novo em mim. Não era uma lição de vida ou um grande conselho; era uma compreensão, uma epifania: Isto é a vida, a beleza e a dor juntas. Um glorioso nascer do sol coexistindo com profunda dor emocional, a absoluta devastação do mundo. Um não torna o outro falso. Essa é sempre a barganha. Se você ganha um, ganha o outro também. E, nessa compreensão, uma escolha me foi oferecida: Você consegue dizer sim a isso? À vida como ela é? Você vai viver esta bela e dolorosa vida?

Você consegue dizer sim a isso? À vida como ela é? Você vai viver esta bela e dolorosa vida?

Não há justificativas [...]. Você está aqui.

Naquele dia, decidi viver. Digo isso em dois sentidos. O primeiro é que parei de pensar em morrer. Decidi que, o que quer que acontecesse, cabia a mim viver esta estranha e maravilhosa vida até o fim. Enquanto outrora eu acalentava uma inveja de meu eu passado idealizado, comecei a desenvolver uma quantidade saudável de FOMO (da sigla em inglês para "Medo de Ficar de Fora") em minha vida futura. Comecei a pensar em todos os nasceres do sol a que eu não havia assistido, em todos os *huevos rancheros* que não havia comido, nas mãos que não havia segurado, no trabalho que não havia feito. Quando me lembro disso agora, sinto um alívio quase frenético. Gostaria de poder voltar ao passado, segurar meu rosto entre as mãos e contar a meu eu passado todas as coisas maravilhosas que eu teria perdido se houvesse desistido da vida: o nascimento de minha primeira sobrinha (que foi chamada Lilian Joy em homenagem a mim), a mudança para a Escócia, apaixonar-me por um homem bom, formar algumas das melhores amizades de minha vida, descobrir a imensa gratificação de fazer pão e dos fornos holandeses, ensinar calouros de olhos brilhantes e muitos, muitos pores do sol.

Escolhendo viver

Porém não foi apenas que escolhi não morrer — escolhi viver. É possível escolher não morrer e, ainda assim, não viver. Acho que é daí que vem o desespero silencioso, um consentimento sem entusiasmo em existir, que se ressente demais de todo o suplício de viver para se importar com nasceres do sol, *huevos rancheros* ou romance. É o coração cansado de se partir que escolhe não se importar. E, se eu for sincera, é esse tipo de vida que se mostrou o mais difícil para mim. É difícil viver arriscando a própria pele, sentir o frio. Aceitar toda a amplitude tanto do prazer profundo quanto da dor profunda da vida pode parecer demais para um coração suportar. Mas naquele dia eu descobri uma fome por algo mais profundo. Se vou ficar viva neste mundo, gostaria de beber profundamente da bondade. Gostaria que a vida significasse algo. Gostaria de ser sincera e aberta e, se houvesse algo verdadeiro e belo neste mundo, gostaria de saber o que era e viver à sua luz. Comecei a me agarrar à vida com toda a força e a dizer, como Jacó, esse antigo lutador com Deus e as pessoas: "Não o deixarei ir enquanto não me abençoar" (Gn 32.26).

Será demais pedir bênção neste mundo? Felicidade?

No Sermão do Monte, em Mateus 5.3-11, Jesus faz uma lista de pessoas "bem-aventuradas". A palavra grega usada nessa passagem é μακάριος, que também pode ser traduzida corretamente como "feliz" ou "ditoso", e geralmente é usada para se referir a pessoas que deveriam ser invejadas pela boa sorte, riqueza ou posição social na vida. Muitas vezes as pessoas tentam fazer algum tipo de distinção entre felicidade e alegria, mas Jesus não faz tal distinção aqui. São apenas os bons e velhos termos feliz, ditoso, satisfeito, abençoado.

Estes são aqueles que Jesus chama de felizes:

Os pobres de espírito,
Os que choram,
Os humildes,
Os que têm fome e sede de justiça,
Os misericordiosos,
Os que têm coração puro,
Os perseguidos por causa da justiça.

Os bem-aventurados, os felizes, não são pessoas nascidas em circunstâncias confortáveis nem com uma disposição alegre. Não são pessoas que simplesmente "encaram tudo pelo lado positivo". Elas têm fome, sede, tristeza e, ainda assim, são abençoadas. A felicidade que elas têm persiste sob o peso de viver, até floresce desafiadoramente a partir dele. Ocorreu-me que essas pessoas felizes e bem-aventuradas eram o oposto da positividade rasa e reluzente. Elas viram o âmago da realidade, e isso é bom. É bendito. Feliz.

Seja o que for que elas tivessem, eu gostaria de ter.

Quando chegou o ano novo, comecei a reavaliar a mensagem que escutara tão claramente no ano anterior. Comecei a pensar que talvez não fosse um mau presságio ou uma premonição; simplesmente era a verdade. Era a voz firme e calma da sabedoria: A vida será difícil. Você e as pessoas a quem você ama irão sofrer. Prepare-se.

Mas agora eu percebi que havia outra verdade: haverá também nasceres do sol.

Teimosamente feliz

Este é um livro sobre a felicidade. Muito tempo atrás, eu havia postado sobre algo no Twitter, provavelmente sobre chá, batom ou algo assim, quando alguém respondeu nos seguintes termos:

"Isso é nojento. Você é tão teimosamente feliz."

Refleti sobre essa resposta por um instante, perplexa. Mas quanto mais eu pensava sobre ela, mais gostava. Encontrar um centro robusto de alegria neste mundo requer muito trabalho. Não sou sempre teimosamente feliz, mas gostaria de ser. Então agradeci ao tuiteiro insatisfeito e a acrescentei à minha bio.

Desde então, penso em "teimosamente feliz" como um lema e uma identidade.

E talvez, depois de ler este livro, você também pense assim.

Mas talvez, como o tuiteiro, você tenha sentimentos contraditórios sobre a ideia de ser "teimosamente feliz". Talvez você ache isso irritante, como alguém irrompendo no seu quarto às oito horas da manhã, escancarando as persianas e cantando "Oh, que bela manhã!" antes de empurrar para você uma xícara de café (que você derrama imediatamente) e perguntar se você não está entusiasmado para embarcar na aventura de hoje, ou seja, outro dia de trabalho ou faculdade. À primeira vista, não há nada de mau nesse gesto. Apesar disso, como qualquer ser humano racional, não há nada que você gostaria mais do que jogar pela janela aquele pássaro canoro louvando a aventura da vida e trazendo o café da manhã. E gritando "não me perturbe mais!" enquanto o faz. Isso me lembra um versículo correlato na Bíblia: "A saudação ruidosa logo cedo será recebida como maldição" (Pv 27.14). Tudo bem a felicidade, mas no volume adequado, e não nas manhãs dos dias úteis.

Ou talvez você sinta uma atmosfera generalizada de culpa diante da ideia de ser feliz. Pode parecer criminosamente insensível buscar a alegria quando somos confrontados com a profunda dor, injustiça e caos do mundo. A felicidade parece deliberadamente ignorante, em um estado de negação ou indiferente diante da dor de outras pessoas. Para esse jeito de pensar, o único modo aceitável de existência é a perpétua indignação ou a depressão solidária. Ou talvez você tenha uma vaga sensação de que desejar ser feliz seja mundano demais. Revolvendo-se em seu subconsciente há algo sobre a alegria ser diferente da felicidade, e uma sensação geral de que as pessoas santas e profundas são sérias e melancólicas. Você preferiria ser teimosamente santo do que feliz, e está absolutamente certo de que não é possível ser ambos.

Talvez você só seja cético e ache que a felicidade é uma ilusão, um jovem filósofo soturno tragando demoradamente sua cigarrilha, batendo em seu exemplar de *O estrangeiro* de Albert Camus e resmungando: "A vida é dor". Cada ano de caos que passa reforça suas suspeitas de que toda a felicidade neste mundo é uma anomalia, talvez até um defeito. Você acha que, se alguém realmente sabe lidar com o mundo, deve ser alguém instruído, trágico e cético. A felicidade é uma ignorância ilusória ou um espetáculo insincero realizado com alguma finalidade abominável. Nada pessoal. Você simplesmente não acredita nela.

Se você se reconhece em alguma dessas descrições, queria que soubesse que este livro é para você. É para você porque eu senti tudo isso, e às vezes ainda *sinto* até a medula dos ossos, mas passei a acreditar que há outras maneiras melhores de viver.

Talvez ajude se eu esclarecer sobre o que este livro *não* é. Não é sobre ser feliz *o tempo todo*. Existe realmente uma positividade tóxica, uma necessidade compulsiva de ver o lado positivo que se presta a uma negação perpétua das reais e profundas dificuldades da vida. Uma felicidade que ignora a dor, a injustiça e a desolação não vale a pena. Mas uma felicidade que consegue permanecer em pé, encarar a vida de frente e sorrir mesmo assim? Vale a luta. E precisa ser uma boa luta. Compor uma vida alegre requer muito mais esforço do que se submeter ao canto soporífero do ceticismo. Cultivar a felicidade exige coragem, determinação e um bom senso de humor. É bem trabalhoso.

Então por que você deveria fazer isso?

Consigo pensar em três razões.

A primeira é que a vida será mais agradável para você. O problema é este: a vida é difícil. Não importa quem é o presidente, o quanto você confia em Deus, com que antecedência você se planeja ou quão atraente você é. A vida é difícil. Casamentos terminam. Vírus se espalham pelo globo, exterminando vidas e meios de subsistência. A vida é difícil lá fora, com todas as coisas loucas que acontecem conosco e nossa sociedade. Mas a vida também é difícil aqui dentro, onde abrigamos uma solidão que nenhum namorado consegue remediar, onde os maus-tratos deixaram cicatrizes.

Se aceitarmos que a vida será cheia de dificuldades e dores, então teremos duas opções: resignarmo-nos a uma vida que geralmente será frustrante, ou buscar satisfação, prazer e esperança em meio aos altos e baixos da vida (e apesar deles). Falando sem rodeios: você pode escolher cultivar a felicidade ou não. Se é possível ser bem-aventurado, acho que devemos tentar.

A segunda razão é que a vida será mais agradável para aqueles ao seu redor. Gostaria que soubesse de algo: você afeta as pessoas ao seu redor. Quando se cultiva uma perspectiva de vida que é alegre e vivificante, ela se transmite para a vida dos outros. Longe de ser insensível ou irreal, cultivar uma vida de alegria que nutre os outros é uma das atitudes mais generosas e práticas que você pode adotar para tornar o mundo um lugar melhor. E sua alegria aumentará como resultado de ver os frutos de sua coragem na vida de outras pessoas. É o oposto de um círculo vicioso.

> **Cultivar uma vida de alegria que nutre os outros é uma das atitudes mais generosas e práticas que você pode adotar para tornar o mundo um lugar melhor.**

Você está decidido a contribuir para as emissões nocivas de depressão e cinismo? Bem, faça bom proveito, eu diria. Mas gostaria que não fizesse isso. E sabe o que mais? Você não precisa fazer isso.

A razão final e mais importante para cultivar a felicidade é que a felicidade conta a verdade sobre o mundo. Vou pôr minhas cartas na mesa: vim a acreditar que existe um poço profundo de felicidade no centro da vida. Creio que, apesar de todas as trevas, mundanidade e confusão, a vida é boa, e foi feita para ser boa, até o âmago. Creio que estar viva é uma dádiva preciosa, e o maior crime é desperdiçá-la. Creio que há uma razão para se ter esperança. Sei que não posso provar definitivamente nenhuma dessas afirmações, mas, em minha experiência, a vida é melhor quando se vive como se elas fossem verdadeiras.

Este livro é sobre aprender a viver como se elas fossem verdadeiras.

Faz cinco anos desde que decidi viver. Minha jornada de Felicidade Teimosa está só começando, mas gostaria de convidá-lo a se juntar a mim. Acho que o mundo precisa de mais pessoas teimosamente felizes, pessoas cuja vontade está totalmente voltada a encontrar a beleza da vida e se darem como uma dádiva a um mundo exausto e cético. Mas, antes que você se ponha a caminho, deixe que eu lhe diga como ler este livro.

Organizei o livro em torno de dez verbos:

Faça amizade com a tristeza
Cambaleie bem
Lembre-se: você tem um corpo!
Desfrute das coisas não ironicamente
Conte a si mesmo uma boa história
Seja como o sr. Collins
Creia em Deus
Aceite o amor
Espere o fim do mundo
Doe-se

Considero estas as minhas regras para levar uma vida feliz. Tentei organizá-las de um jeito tematicamente útil, mas não é necessário ler os capítulos em ordem. Cada um contém histórias de muitos períodos diferentes em minha vida, junto com poemas, canções, santos e ideias que sopraram vento em minhas velas e esperança em meu coração.

O que está relacionado a outro detalhe: ao final de cada capítulo, incluí três sugestões — algo para ler, algo para ver e algo para escutar. Arte, poesia e música ajudam a dar sentido à vida, então escolhi incluir artes que me ajudaram a levar uma vida teimosamente feliz. Você pode encontrar a maioria das artes/poesias/músicas sugeridas on-line gratuitamente. Espero que elas o ajudem não apenas a pensar, mas a sentir seu percurso pelas ideias neste livro, e que tragam alguma alegria, beleza e intensidade aos seus dias. Incluí também alguns pontos para reflexão enquanto você desfruta dessas obras de arte.

Não alego saber a história toda ainda; sou uma novata nessa vida bem-aventurada. Mas, neste livro, tentei transmitir algumas das lições que aprendi na esperança de que elas pudessem ajudar outras pessoas ao longo de sua jornada. Acima de tudo, espero que este livro o deixe teimosamente feliz todas as vezes que o ler. Espero que cada capítulo faça você rir, talvez até chorar (uma autora pode sonhar!), e fazer com que encare a vida como um pouco mais possível.

E então espero que você largue o livro e vá viver uma vida teimosamente feliz.

1

Faça amizade com a tristeza

Enquanto estamos nesta vida, temos em nós mesmos
uma mistura maravilhosa de felicidade e dor [...].
Permanecemos nesse estado misto todos os dias de
nossa vida. Mas [Cristo] quer que confiemos que ele
está perpetuamente conosco.

JULIANA DE NORWICH, *REVELAÇÕES DO AMOR DIVINO*

O ar estava tão úmido que se podia saboreá-lo. Pequenas nuvens de insetos pairavam à luz dourada do entardecer, parecendo quase belas quando o sol as tocava. Estava um pouco quente demais para ser revigorante, mas algo energizante pulsava em minhas veias. Era minha primeira semana na faculdade, e tudo era maravilhosamente novo e excitante. Podia ser apenas uma faculdade cristã particular na Califórnia do Sul, mas para mim era como a Amazônia, os Alpes ou o mar azul profundo: terreno desconhecido, cheio de coisas empolgantes para eu, a intrépida aventureira, experimentar. O mundo era meu, e eu estava a meu bel prazer.

Eu estava a caminho de meu primeiro encontro em um clube da faculdade em que estava pensando em entrar. Os calouros interessados foram instruídos a se reunirem no campo de futebol perto da antiga escola de ensino fundamental.

Aquilo era uma peculiaridade das escolas da Califórnia; sempre se podia contar com um clima confortavelmente quente, mas não extremamente desagradável, então os grupos de estudantes se encontravam ao ar livre frequentemente, em vez de se darem ao trabalho de reservar uma sala. Enquanto eu me aproximava do campo indicado, avistei um grupo de calouros de aparência tímida espalhados de modo confuso e se apresentando uns aos outros, e um grupo menor de estudantes do segundo ano de aparência arrogante contando piadas que só o próprio grupo entendia. Eles eram infinitamente superiores a nós, é claro, porque já haviam formado grupos sociais.

Havia um estudante de segundo ano especialmente arrogante desfilando todo empertigado como se fosse o rei das selvas. E, pelo que eu podia ver, ele era mesmo. Mantinha a cabeça, coberta de cachos dourados, em um ângulo inquisidor e passava os dedos pelos cachos periodicamente. Ficava rondando, como um grande felino à espreita de um suculento gnu para devorar.

Quando cheguei à mesa de recepção, uma garota amável e nem um pouco arrogante me saudou e me indicou uma pilha de etiquetas com nomes e pincéis marcadores. Peguei uma caneta roxo-escura da pilha e escrevi meu nome em grandes letras encaracoladas: "Joy" [Alegria]. Acrescentei um coração. Satisfeita com meu trabalho, colei a etiqueta ao peito e procurei me entrosar com alguns dos outros calouros. Descobri um grupo de pessoas de aparência simpática sentadas embaixo de uma árvore e juntei-me a elas, sentando com as pernas dobradas e desfrutando do tapete aveludado de grama. Para minha surpresa, depois de alguns minutos de conversa ritual sobre faculdade com meus colegas calouros ("Qual é o seu nome? De onde você é? Qual é o seu curso? Em que dormitório você está?"), vi o Rei das Selvas se aproximando. Ele se sentou ao meu lado de um jeito que sugeria que eu deveria ficar honrada com essa condescendência. Estendeu-se no gramado e passou a arrancar a grama e, distraidamente, depositá-la em uma pequena pilha, parando de vez em quando para desarrumar os cabelos. Depois de alguns minutos gritando preguiçosamente a um amigo do outro lado do círculo, sua atenção se voltou a mim. Ficou olhando de modo atrevido para a etiqueta com meu nome.

Joy Marie

— Então seu nome é Joy — ele disse, encarando-me de um jeito enervante.

Fiz que sim com a cabeça para indicar que aquilo era, de fato, verdade.

— Então você acha que precisa estar sempre alegre? É como se você nunca pudesse ficar triste?

A pergunta pretendia ser provocante, mas não era exatamente nova. Estou acostumada com as brincadeiras que as pessoas fazem com meu nome, em uma referência ao meu jeito animado. De vez em quando meu nome evoca alguma dúvida existencial latente com referência à natureza da felicidade, levando as pessoas a fazerem perguntas como o Rei das Selvas acabara de fazer. Quando estranhos fazem esse tipo de pergunta investigadora, sou muitas vezes tentada a responder: "Não sei, cara. Isso me parece um tanto pessoal. Como vai seu casamento?". Mas normalmente não faço isso. Normalmente apenas dou risada e faço um comentário sobre os canapés. Mas dessa vez um impulso travesso me dominou e não consegui resistir.

— Bem, na verdade — respondi com um sorriso —, meu nome completo é Joy Marie.

Ele não pareceu se comover, como se isso não mudasse nada. Fui em frente.

— Marie significa "mar de amargura" ou "mar de dor". Por isso eu gosto de pensar em meu nome como um lema, mais do que uma descrição. "Alegria no mar de amarguras."

A expressão dele adquiriu um ar de tédio. Continuei.

— A vida é cheia de amarguras, não acha? Mas é possível atravessá-la num barco de alegria. O oceano inteiro não consegue afundar um barquinho, desde que a água não entre dentro dele.

Isso estava além do que o Rei das Selvas podia suportar. Ele não estava se divertindo. Balançou a cabeça vagamente e desviou a atenção para outro calouro inocente, para quem ele, sem dúvida, foi fazer perguntas indiscretas. Arreganhei os dentes e procurei um novo parceiro para conversar. Não entrei para aquele clube.

As contradições de Joy Marie

Minha mãe jurava sobre a Bíblia que Marie significava "filha desejada". Embora eu aceitasse plenamente essa afirmação maternal de minha existência, sempre preferi a interpretação paradoxal de meu nome. Minha mãe me teve aos 42 anos, depois de três abortos involuntários. Sem conhecer meu gênero, durante a gravidez, os amigos de minha mãe sempre oravam pelo "Baby Joy" [Bebê Alegria]. Não posso deixar de ver uma pequena continuidade narrativa no nome. Eu nasci quando não era para ter nascido, uma alegria em um mar de dor. Mas é mais do que isso. Eu me apeguei ao nome porque ele expressa algo que sempre senti que era fundamentalmente verdadeiro sobre mim mesma.

Deixe-me explicar.

JOY.

Às vezes me pergunto intimamente se gosto da vida mais do que uma pessoa comum.

Amo estar viva. Em dias em que tudo está bem, acordo com uma sensação de prazer secreto, um canário em meu bolso que canta do fundo do coração mesmo que só eu consiga ouvir. Tenho imenso prazer em todas as pequenas coisas da vida: uma caneca de chá quente enquanto a luz do sol penetra pelas cortinas, minha bala dourada de amor (ou seja, a cadela da família, Darcy), uma nova página em branco esperando ser rabiscada. Quando saio de casa em um dia de primavera e aspiro profundamente a maravilha úmida da nova vida ascendendo em todos os cantos florescentes da criação, não consigo imaginar o que fizemos para merecer este mundo tão repleto de maravilhas. Música é algo físico para mim; é cor e emoção penetrando em todas as partes de meu ser. Às vezes, quando escuto Dvořák, fico surpresa que não saia luz da ponta dos meus dedos. Amo as pessoas. Na maior parte do tempo eu realmente amo, sem ironias. Pelo menos a maioria das pessoas. Acho-as maravilhosas. Narcisos, cachorrinhos e tacos mexicanos me deliciam. Há beleza suficiente no mundo para se passar a vida toda procurando-a e nunca se cansar.

Não sei como é com as outras pessoas, mas, em meus dias bons, gosto de ser eu mesma.

As paredes de minha alma são finas. A luz flui pelas brechas e, quando escuto atentamente, consigo ouvir a pulsação do mundo, palpitando com uma alegria tão pungente quanto a dor. Sou porosa. Tudo penetra. No excesso deste universo tecnicolor onde vivemos, sinto tudo profundamente.

Sinto *tudo* profundamente.

MARIE.

Às vezes me pergunto intimamente se sou mais frágil do que as pessoas comuns.

A luz penetra em minha alma porosa, mas o que é escuro também penetra. O que é triste e feio. Sou o canário na mina de carvão, cantando a plenos pulmões porque as paredes estão se fechando. Com o ouvido colado à parede do mundo, ouço o último suspiro, os pulmões corroídos pela perda, inveja, ódio. O mundo que tanto amo — os pássaros, o mar e a luz do sol — está poluído, não apenas com a névoa de poluição verdadeira, mas com a percepção de que alguém, em algum lugar, está sofrendo. Não consigo deixar de me preocupar. Não consigo deixar de sentir. Às vezes, quando leio as notícias, sou tomada não de medo, mas de tristeza. Quando vejo toda essa perda e crueldade sem sentido, não consigo imaginar o que fizemos para merecer este mundo devastado. As coisas não são como deviam ser. Não sou boa em superar essas coisas. Elas pairam a meu redor como o cheiro de uma fogueira. Não consigo ver a diferença entre minha calamidade e as calamidades dos outros. Tudo é dor, tudo fumaça do incêndio de meu precioso, amado mundo.

Não sei como é com as outras pessoas, mas em meus dias ruins eu mal consigo suportar.

Joy Marie.

A mesma capacidade que me permite me alegrar tão plenamente me torna vulnerável à grande e intensa dor e perda de nosso mundo. Em certos dias, conter esses dois mundos dentro de mim faz com que me sinta como se tivesse um superpoder. Sou como um alarme de monóxido de carbono para o mundo. Sim, as menores coisas — alegres ou tristes — podem me detonar, mas não é exatamente esse o objetivo de um aparelho desse tipo? De que serviria um alarme de monóxido de carbono que fosse insensível? Mas em alguns dias me sinto cansada, frágil, como uma criança superestimulada. Preocupo-me que o que eu tenha encarado como força seja apenas dor concentrada.

Meu nome anuncia essa verdade sobre mim, mas acho que esses poços de felicidade e mares de dor vivem em todos nós. Todos contemos multidões. O que é frustrante é que é quase impossível escolher que emoções experimentamos. Não podemos de fato dizer: "Vou ficar só com as felizes, por favor. E as tristes aos domingos. Mas nunca raiva!". Podemos escolher cultivar uma perspectiva da vida que nos predisponha à alegria, sim. Mas se tentarmos ativamente suprimir nossas emoções tempestuosas, nossa capacidade de sentir alegria também será sufocada. Você irá se exaurir e cauterizar os sentimentos. Você não terá espaço para se alegrar se estiver em um jogo constante de "acerte a toupeira" com as emoções negativas.

A mesma capacidade que me permite me alegrar tão plenamente me torna vulnerável à grande e intensa dor e perda de nosso mundo.

Então como viver com esses mundos dentro de nós?

Adoro o filme irlandês de animação *A canção do oceano*. O enredo é uma recontagem do mito celta de um rei guerreiro chamado Mac Lir ("filho do oceano") e sua mãe, Macha, que é, inexplicavelmente, uma coruja. Mac Lir teve o coração partido e chorou tanto que inundou o oceano. Detestando ver o filho sofrer, Macha entrou em pânico e tentou deter seu sofrimento da única forma que conhecia: transformando-o em pedra. Com a cabeça inclinada de pesar, o gigante se transformou em uma ilha no mar, onde os pássaros construíam seus ninhos. O filme conta a história de duas crianças que moram naquela ilha e são dominadas por uma tristeza: sua mãe desapareceu. O coração do pai delas está partido e, como Macha na história da mitologia, sua avó está preocupada, insistindo em que eles saiam da ilha para viver com ela. Depois de levadas para a cidade, as crianças escapam e tentam voltar para a ilha, encontrando figuras míticas, fadas dançantes e fiandeiros de contos antigos na jornada. Mas, à medida que a história avança, a atmosfera se torna menos alegre. As criaturas mágicas, até as bondosas, começam a se transformar em pedra.

As duas histórias se juntam; a dor de Mac Lir é a dor do pai das crianças, e os encantamentos de Macha são o cuidado autoritário da avó. Para impedir que os seres mágicos desapareçam, as crianças precisam falar com Macha e convencê-la a parar de transformar tudo em pedra. Depois de uma perigosa jornada, elas a encontram escondida em seu ninho mágico, ela própria semitransformada em pedra. Ela está muito confusa. Não sabe o que fazer com a emoção, que a deixa aterrorizada. Todas as vezes que ela experimenta uma emoção avassaladora — alegria, raiva, tristeza —, ela a guarda num frasco mágico de vidro. A casa dela está atulhada de pequenos frascos cheios de nuvens de tempestade, raios de sol e fogo em brasa. Conter a maré de emoção se tornou uma obsessão para ela. Lembrando-se da dor de seu amado filho, ela preferia não sentir nada a ser vulnerável à dor que ele suportara. Ela se transforma em pedra, impenetrável, invulnerável, segura. Mas, se ela engarrafar toda a sua dor, o mundo dos seres mágicos se transformará em pedra. E Macha também.

Ela precisa desfazer a maldição e deixar seu coração voltar a ser de carne, precisa deixar Mac Lir chorar seu oceano. Mas e se esse oceano de tristeza afogar o mundo?

E se meu barco de alegria afundar em meu mar de dor?

É uma boa pergunta.

Conhecendo a dor

O profeta Isaías descreve o servo do Senhor assim: "Foi desprezado e rejeitado, homem de dores, que conhece o sofrimento mais profundo" (Is 53.3). Reconforta-me a ideia de que Deus escolheu habitar nosso mundo estilhaçado, que Jesus tomou voluntariamente um corpo vulnerável ao resfriado comum, à intoxicação alimentar e à violência de pessoas odiosas. Não sei por que nosso mundo está tão destroçado quanto está, ou por que Deus permite que ele fique assim, mas sei que Deus não escolheu a indiferença à nossa dor, e sim a solidariedade. Deus, que está acima de tudo e é todo-poderoso, que não precisava ser vulnerável, curvou-se e conheceu a dor. A dor que *nós* sentimos. A dor que *você* sente. Pensar que talvez eu não esteja sozinha em minha tristeza me torna um pouco mais corajosa.

Porém há algo mais que amo nesse versículo: a palavra *conhece*. Ela faz com que o sofrimento se pareça com uma pessoa a quem Jesus conheceu. Alguém com quem ele conversava de vez em quando. Isso me faz pensar que, se a dor passasse por Jesus na rua, ele a teria reconhecido.

Você conhece a dor?

Creio que a maioria de nós tem um relacionamento com a dor mais parecido com o de Edward Rochester com Bertha Antoinetta Mason em *Jane Eyre*. (Se você não leu o livro, vou lhe contar algo que talvez estrague o suspense: Bertha é a esposa violenta e instável que Rochester esconde no sótão.) Ela está sempre lá, mas ninguém sabe realmente sobre ela e, de modo geral, a vida prossegue normalmente. Às vezes uma pessoa especialmente sensível a escuta falando no andar de cima, mas, quando perguntam sobre ela, mudamos de assunto, negamos de modo suspeito suas indagações ou, se realmente estamos em dificuldades, exigimos que saiam de nossa casa imediatamente e vão viver com missionários. Mas às vezes a dor faz estardalhaço, gemendo e gritando lá em cima, talvez até colocando fogo nas cortinas. Ela é deplorável e, de certa forma, nos ressentimos dela. Ela nos impede de levar uma vida boa, de nos casar com a governanta audaciosa. Desejamos que ela vá embora. Mas sentimos uma estranha lealdade a ela, porque ela precisa de cuidados. Se a abandonarmos lá em cima por muito tempo, ela acabará nos cegando e incendiando a casa toda.

Sim, para alguns de nós a dor é mais como uma hóspede indesejada do que um conhecido.

Ela vive conosco, mas não conversamos com ela.

Há tantas razões pelas quais podemos não nos sentir capazes ou dispostos a conhecer a dor e seus primos, o medo e a raiva. Talvez em sua família algumas emoções só fossem experimentadas como prejudiciais: um pai zangado, uma mãe que sofre de depressão severa. Talvez o seu cérebro, como o meu, tenha alguma tendência ao que chamamos de doença mental. Talvez em seu mundo algumas emoções sejam simplesmente proibidas: raiva, curiosidade, tristeza. Talvez sua comunidade religiosa o faça sentir-se culpado por quaisquer emoções "negativas", como se você não tivesse fé suficiente, como se você não fosse um cristão de verdade. Talvez você tenha experimentado um profundo trauma que abalou de modo catastrófico seu universo emocional. Talvez você simplesmente tenha receio de que, se começar a chorar, nunca irá parar.

Eu me escondi da dor em minha vida também, ou melhor, eu a escondi, esperando que ela não fizesse estardalhaço. Nunca fui muito bem-sucedida. Ela consegue penetrar na minha vida, às vezes de um modo inesperado e frequentemente desagradável. A raiva eu não consigo identificar. Com o medo eu nunca lidei. Ela fecha a cortina, põe fogo no quarto, afasta alguém a quem amo. Por que reluto tanto em falar com ela? Acho que é porque tenho receio de que a dor irá me dizer a verdade sobre o mundo e que, se eu a ouvir, nunca mais possa ser realmente feliz. Tenho receio de que a tristeza conheça o coração secreto da realidade e que este esteja partido. Tenho receio de que, se a ouvir, a dor me dirá que tudo o que existe nesta vida é perda, decepção, traição e, finalmente, a morte. Tenho receio de afundar no mar de dor.

Mas Jesus conheceu a dor. E eu me pergunto se posso conhecer também.

Então resolvo conhecê-la. Quando o mundo está quieto e não há ninguém por perto, respiro fundo e convido a tristeza a se sentar comigo, para me contar sua história. Ela começa nomeando o que é precioso: pessoas a quem amo, esperanças que nutri, fantasias sobre como o mundo deveria ser, sobre como minha vida deveria ter sido se mágoa e decepção não houvessem se entrelaçado às fibras de meu coração. Ela me conta que tudo isso se foi. A princípio tudo o que consigo ouvir é perda. Tudo o que consigo ver é que o que eu desejava, o que eu prezava, desapareceu em um sopro. Sinto-me perdida e desesperadamente triste.

Entretanto, quando invoco toda a minha força para escutar com atenção, escuto algo que não esperava.

A tristeza me conta quão precioso é o mundo. Ela me conta quão profundamente amou, quão intensamente esperou, quão totalmente confiou. Ela me conta que todas essas esperanças significavam algo, apontavam para a alegria pulsando no coração do mundo. Ela está indignada porque conhece seu direito inato: integridade, unidade, crescimento. Ela chora não porque a perda não significasse nada, mas porque significava muito, muito mesmo. As lágrimas dela testemunham do mundo para o qual fomos concebidos, que devemos criar para nossos filhos, que provamos no batismo. Ela está com o ouvido colado à parede do mundo, e sabe que ele pulsa com a beleza. Ela contorce as mãos de dor porque perdemos a afinação.

A tristeza canta a mesma canção que a alegria.

Em seu ensinamento mais famoso, o Sermão do Monte, Jesus diz algo notável: "Felizes os que choram, pois serão consolados" (Mt 5.4). Muitas vezes fiquei pensando sobre o que isso significava. As pessoas que choram não são o oposto de felizes? Elas perderam algo. Seu coração está partido. Mas a tristeza também tem sua sabedoria. Aqueles que choram o fazem porque não conseguem aceitar a destruição do mundo com tranquilidade. Sua própria revolta reflete um conhecimento da realidade mais profunda da vida: que ela foi concebida para ser boa, integral e repleta de alegria, e que não é. Aqueles que choram conhecem todo o valor do que foi perdido e se recusam a esquecê-lo.

Vim a compreender que tristeza e felicidade são irmãs. Que ambas nasceram de um coração mais delicado que sente e responde a este mundo que amamos. A tristeza conta a verdade sobre o mundo: que há coisas tão preciosas e belas neste mundo que merecem nossas lágrimas quando são perdidas.

Felizes os que sabem disso.

* * *

O Rei das Selvas entendeu tudo errado. Ele achou que eu jamais poderia sentir tristeza porque era alegre. Mas, em minha experiência, a verdade é o oposto. Para nos alegrarmos, precisamos às vezes chorar. A cena final de *A canção do oceano* é quase perfeita. Macha quebra seu encanto e, quando começa a vivenciar todas as emoções contidas, os pequenos frascos de vidro explodem, um a um. A tristeza irrompe como uma tempestade, as lágrimas caindo de seus olhos redondos de coruja. A raiva é um temporal de fúria e relâmpagos estalando. A felicidade se irradia como raios de sol, um gorjeio de pássaros incontrolável, e riso. E, à medida que as emoções percorrem Macha, o mundo principia a despertar. As fadas dançantes saltam para a vida e tocam suas rabecas. O narrador sacode os longos cabelos, cada fio repleto de histórias. O cão de Mac Lir se levanta e corre para encontrar o dono. Mac Lir desperta, assustando os pássaros que foram se aninhar em seus longos ombros curvos ao se erguer para caminhar ao encontro do nascer do sol. É cor, beleza, canção, alegria e sofrimento, tudo reunido. Um mar de dor, um poço profundo de alegria. É tudo muito belo.

É assim que vim a imaginar minha alma de paredes finas. As emoções são temporárias. Passam, se nós as deixamos. São como ondas na areia: não se pode fazer muito para detê-las, mas elas não permanecem por muito tempo. Não adianta ter medo da tempestade.

É isso que eu gostaria que você soubesse: tudo bem ficar triste às vezes. Tudo bem chorar quando seu coração se parte. E se você armazenou a tristeza, pode ter de chorar por muito tempo. Tudo bem. Sei como é. Sinto pelos bens preciosos que você perdeu ou nunca teve. Por tudo o que partiu seu coração.

Por tudo que o fez se sentir inseguro no mundo. Pelas pessoas que não conseguiram tratar suas feridas com o cuidado que merecem. Se eu pudesse (e você não se importasse, é claro) eu me sentaria com você e lhe faria uma xícara de chá, e choraríamos juntos pelas suas dores. Porque elas merecem que choremos por elas.

E mais uma coisa: precisamos que outras pessoas chorem conosco, para nos ensinar como chorar bem, como navegar pelo mar de dor. Não fomos feitos para navegar sozinhos. Dizem que o tempo cura todas as feridas, mas não creio que seja verdade. O tempo pode fazer algumas feridas se inflamarem e se fortalecerem. Algumas feridas necessitam de um especialista para serem curadas, quer seja um mentor, um diretor espiritual, um orientador psicológico profissional ou um psiquiatra. Não tenha medo de pedir. A dor não torna todos amáveis. Cuide de sua tristeza para que se transforme em uma fonte do mais profundo amor e da mais profunda alegria, não da mais profunda dor. A boa dor sara. E escute: você vale o esforço. Suas feridas valem o esforço. Deus deseja a integridade para você.

Cuide de sua tristeza para que se transforme em uma fonte do mais profundo amor e da mais profunda alegria, não da mais profunda dor.

Gosto da forma como Tolkien expressa essa ideia: “Não direi: não chore; pois nem todas as lágrimas são um mal”.[1]

Não tenha medo de chorar. Mas também não tenha medo de rir.

Gostaria que você soubesse mais uma coisa: só porque está triste agora, não significa que um dia você não será incrível, profunda e simplesmente feliz. O que é engraçado na tristeza é que ela quer nos convencer de que é o que há de mais verdadeiro. E a tristeza é algo verdadeiro. Mas a felicidade também é. Assim como bebês dando risadinhas e narcisos na primavera, bagels com salmão defumado e rir tão forte que a barriga dói. A tristeza não é, de algum modo, "mais real". Quando sua tristeza passar, deixe-a passar. O mais difícil é deixar tanto a felicidade quanto a tristeza serem verdadeiras. Mas elas são. Então, quando a tempestade tiver passado e você se sentir alegre, feliz e grato, aproveite a onda. Respire fundo em alívio e saiba que isso também é verdadeiro. É assustador se alegrar, às vezes, porque a vulnerabilidade da alegria está a dois passos da vulnerabilidade da dor.

Quando você ergue os braços de alegria, às vezes leva um golpe inesperado. Mas, pela minha experiência, é melhor navegar no mar de dor do que nunca deixar a alegria soprar as velas do seu barco.

Para ler

Anatomia de uma dor, de C. S. Lewis
Notas sobre o luto, de Chimamanda Ngozi Adichie

Para ver

O filme de animação *A canção do oceano* (2014), de Cartoon Saloon

Para escutar

Lacrimosa, de Wolfgang Amadeus Mozart
"So What", de Noah Gunderson

Para refletir

Todas essas obras de arte abordam o tema do sofrimento. *Anatomia de uma dor* e *Notas sobre o luto* narram experiências de sofrimento universais e, ainda assim, particulares da perspectiva de dois autores muito diferentes. *A canção do oceano* expressa o sofrimento e a tristeza na forma de um conto de fadas. A obra de Mozart (cujo título, *Lacrimosa*, se refere à Virgem Maria ao pé da cruz) mostra a grandeza do sofrimento, e "So What" a sua inevitabilidade.

Você conhece a dor? Marque um encontro com ela hoje. O que o faria se sentir seguro o bastante para experimentar tanto a dor quanto a alegria? Quem o ensinou a navegar no mar de dor?

2

Cambaleie bem

Viajando teimosamente por esta
Estação de fadiga,
Vou reunir algum tipo
De conteúdo.

Sylvia Plath[1]

Querido diário,

Hoje é o 304° dia da pandemia e estamos, outra vez, em confinamento. Não consigo me lembrar se é terça-feira, sexta-feira ou fevereiro. Tudo o que sei é que está frio demais para um passeio e estou extremamente entediada.

Dei o nome de Andrew ao corvo que pousa no meu telhado. Ele é meu único amigo. A não ser por meu irmão Joel, é claro, mas não conversamos mais. Não, não! Não estamos zangados um com o outro, mas passamos tanto tempo na companhia um do outro que simplesmente não temos mais nada a dizer. Já conversamos sobre absolutamente tudo.

As pessoas ligam pelo FaceTime e perguntam se aconteceu algo de novo. Que pergunta cruel! Não! Absolutamente nada de novo aconteceu! O mais legal é que agora a gente pode encomendar peixe e batata frita por um aplicativo e eles entregam em casa. Pensando bem, isso é maravilhoso. Às vezes eu suspiro quando penso que estou no auge da juventude, cheia de vigor e beleza, trancada em minha torre sem ninguém para me admirar. Fico preocupada pensando no que vou vestir mesmo sem nenhum lugar para ir. Sou como o narrador do poema "A canção de amor de J. Alfred Prufrock", de T. S. Eliot:

Eu envelheço... Eu envelheço...
Vou dobrar as barras das minhas calças.
Devo repartir os cabelos atrás? Será que ouso comer um pêssego?[2]

Falando em repartir os cabelos: se eu parasse para pensar sobre quanto tempo faz que cortei os cabelos pela última vez, talvez me desesperasse. Então, em vez disso, vou simplesmente dizer que minha semelhança com uma musa pré-rafaelita cresce a cada dia que passa. Suponho que isso acrescente certa elegância ao infortúnio de uma juventude perdida. Eu moro mesmo perto de um rio. Talvez pudesse fazer uma reencenação ao vivo de "A Senhora de Shalott" de Tennyson? Só que estaria frio demais, pois, como mencionei, é inverno, o que torna impossível fazer quase qualquer coisa fora de casa.*

Nosso único consolo é a comida e a série da BBC Criaturas Grandes e Pequenas. *Esta noite comemos bife, porque nada tem nenhum significado. Sem ter outros prazeres terrenos, descontamos na comida. Suponho que o principal problema com tudo isso seja que não sabemos quanto tempo irá durar. Estamos na metade do*

* Quadro de Tennyson retratando uma personagem das lendas arturianas, a senhora de Shalott, que vive fechada em uma torre perto de Camelot. Uma maldição paira sobre ela: se olhar na direção de Camelot, ela morrerá. Certo dia, ela vê Lancelot no espelho e fica perdidamente apaixonada. Sabendo que vai morrer, ela foge em um barco para ficar o mais longe possível do amado. O barco é arrastado pela correnteza do rio Avon para Camelot, e ela morre cantando. (N. da T.)

caminho através do bosque? Ou quase no fim do caminho? Ou será que isso é como um daqueles jogos de computador com defeito, em que ficamos andando pela mesma floresta para sempre?

Seja como for, preciso correr; vai começar Assassinato por escrito *na televisão. Estou muito entediada.*

Meus melhores votos,

J

Encontrando o caminho através da floresta sombria da vida

Enquanto escrevia este capítulo, estávamos bem no meio de um mundo em que todos estavam cambaleando. A pandemia do Covid-19 pressionava os sistemas de saúde pública, devastando economias, arrancando entes queridos de muitas famílias e deixando o resto de nós presos, com o confinamento, em um Dia da Marmota aparentemente eterno. Quando isso se iniciou, tudo era até aconchegante. Aterrorizante, mas também aconchegante. As pessoas estavam enfiadas em seus ninhos, aprendendo a fazer pão caseiro, fantasiando sobre escrever o próximo grande romance e celebrando os horizontes livres da poluição (a natureza está sarando!). Tudo muito lindinho. Agora não era mais lindinho. Tentamos ser otimistas, mas, no fim das contas, não tínhamos nenhuma ideia de quando isso ia acabar, ou se iria acabar.

Estávamos, em suma, cambaleando.

Se há alguma coisa na vida em que eu seja boa é cambalear. Sou uma cambaleadora de primeira classe. O dicionário define *cambalear* da seguinte forma: "não conseguir se apoiar firmemente nas pernas".[3] Passei grande parte de minha vida cambaleando, me debatendo sem saber para onde estava indo, o que deveria fazer ou o que gostaria de ser. Lutar para conseguir "se apoiar firmemente nas pernas" implica que existe algum estado fugidio de estabilidade que nós simplesmente não alcançamos ainda. Em minha experiência, o cambalear se deve ao fato de não estarmos bem certos sobre qual é exatamente esse estado de firmeza; sabemos apenas que não alcançamos esse estado ainda. Então nós nos debatemos loucamente, esperando em Deus que estejamos cambaleando na direção certa, dolorosamente conscientes de que toda a nossa energia pode não valer de nada. O que combina muito bem com a outra definição de cambalear: "andar em desequilíbrio, sem direção certa; vacilar, bordejar".[4] Soa familiar? Ou será que sou a única?

Isso me faz pensar nos versos de abertura da *Divina comédia* de Dante Alighieri:

> A meio da jornada desta vida
> Numa floresta escura eu me encontrei,
> Estando a estrada reta já perdida [...].
> Mas sobre o bem [...] que lá encontrei,
> Falar irei [...][5]

Muitos de nós despertam em algum ponto da jornada da vida e descobrem que "a estrada reta" já foi perdida. Sentimo-nos como se estivéssemos em um pesadelo. Não conseguimos discernir qual é o caminho ascendente nem se estamos nos movendo para a frente ou para trás. Essas temporadas podem parecer um desperdício. Sentimos que, se tão somente conseguíssemos sair da floresta escura, se tão somente conseguíssemos parar de cambalear, poderíamos começar a viver. Tenho boas e más notícias: a maior parte da vida se passa nessa floresta escura. Achamos que iremos conseguir nos apoiar firmemente nas pernas depois que certo ponto houver passado, ou algum obstáculo superado. Tudo será diferente, mais firme, mais significativo, dizemos a nós mesmos, *quando eu tiver terminado a faculdade... quando arranjar um emprego... quando me casar... quando tiver um bebê... quando o bebê não usar mais fraldas...* A lista prossegue indefinidamente, enquanto esperamos para nos sentir realizados ou até mesmo saber em que direção estamos rumando. A natureza desta vida é que nunca nos realizamos. Agostinho de Hipona descreve a vida cristã como uma peregrinação em que nos esforçamos para chegar a um destino que não conseguimos alcançar em vida. Ao fazer isso, ele se inspira em Hebreus 11: "Todos eles morreram na fé e, embora não tenham recebido todas as coisas que lhes foram prometidas, as avistaram de longe e de bom grado as aceitaram. Reconheceram que eram estrangeiros e peregrinos neste mundo" (Hb 11.13).

A vida é assim.

Muitas vezes não sabemos para onde estamos indo, ou o que irá acontecer. Não existe uma varinha mágica que possa ser encostada em nossa cabeça e nos revelar exatamente o que deveríamos estar fazendo, com quem deveríamos nos casar ou como ir em frente. E mesmo quando o que estávamos desejando acontece, às vezes ainda nos sentimos confusos. Mal ou bem, a maior parte da vida fica no meio. Mas há boas notícias também: podemos encontrar tesouros enquanto cambaleamos. Dante diz que é sobre isso que irá escrever. Minha tradução favorita desse trecho é esta: "Meu tema será o bem que lá encontrei".[6] Em minha vida, descobri que, embora me sentisse perdida, aquelas temporadas de cambaleio muitas vezes trouxeram formação, aprofundamento e me orientaram rumo a caminhos densos que eu não conseguia enxergar. Com a sabedoria da visão retrospectiva, eu diria ao meu eu antigo, cambaleante, para se aferrar a essa temporada, ser fiel a ela, confiar em que as sementes estão crescendo mesmo que não se consiga vê-las, usar bem o tempo vago. Aprendi que há modos melhores e piores de cambalear; requer prática cambalear bem. Neste capítulo, compartilharei minhas dicas para um cambaleio eficaz.

Escute a sua vida

Certa vez escutei um membro das forças especiais da marinha norte-americana dizer que as pessoas tendem a se afogar porque gastam toda a energia tentando não se afogar. Alguém que está se afogando terá maior probabilidade de sobreviver se simplesmente relaxar, respirar fundo e boiar. Isso é o oposto do que nosso corpo nos diz para fazer. Assim que percebemos que estamos em perigo, temos uma descarga de adrenalina, entramos em pânico e nosso corpo berra "LUTE! FUJA! DEBATA-SE!". Desperdiçamos uma energia preciosa lutando por algo que apenas o relaxamento, a ausência de movimento e a confiança podem obter. A grande ironia é que nosso instinto de sobrevivência pode, na verdade, ser bastante perigoso, enganando-nos e levando-nos a uma morte prematura.

> **Embora me sentisse perdida, aquelas temporadas de cambaleio muitas vezes trouxeram formação, aprofundamento e me orientaram rumo a caminhos densos que eu não conseguia enxergar.**

Descobri que isso também se aplica à vida. Quando nos sentimos perdidos na floresta escura, nosso primeiro impulso é entrar em pânico, nadar, nos mover, com medo de que ficaremos presos na floresta à noite (ou presos a um emprego ruim! ou nunca nos casaremos! ou desapareceremos na insignificância amorfa da gravidez na adolescência! para sempre!). Esperneamos, nos debatemos loucamente porque temos medo de ficar presos ou de afundar, ironicamente aumentando a probabilidade de que sucumbamos às ondas da vida por pura exaustão. O movimento é uma perda de energia sem sentido se não sabemos para onde estamos indo, e se algo está preso ao seu tornozelo, não importa quão rápido você corra, isso irá persegui-lo.

O primeiro segredo do cambalear bem é parar de se mexer, aceitar a vida e escutar.

Tudo se resume a uma comédia de improvisação.

Eu fazia teatro no ensino médio e, apesar de agora ficar embaraçada diante da ideia de atuar de improviso diante de uma plateia, quando era jovem eu na verdade gostava disso. Há muitos exercícios diferentes de improvisação, geralmente envolvendo algum elemento de improviso e de narração humorística, mas há uma regra que é a base de todos eles: "sim, e".

SIM. Você não pode rejeitar nenhuma parte da realidade que seu companheiro ator lhe apresenta na cena em que você atua. Sc ele diz: "O elefante roxo saiu da mercearia", você precisa agir com a urgência adequada e considerar como alguém poderia conter e subjugar um elefante roxo enlouquecido. Você precisa aceitar, plena e criativamente, a realidade que lhe foi apresentada.

E. Assim que você houver aceitado a realidade do parceiro de cena, você pode acrescentar o que quiser à história. Com o seu "e" você pode adicionar um hipnotizador de elefantes, uma tempestade de neve ou Gandalf, o Cinzento. Seu parceiro também deve escutar e dizer "sim, e". A cena ganha vida em resultado da aceitação mútua e produtiva de tudo o que a imaginação lançar em seu caminho.

É fácil pensar que o sucesso na improvisação venha de se ser um contador de histórias desvairado ou um canastrão cara de pau, mas os melhores improvisadores são bons ouvintes. Pessoas que são incapazes de escutar e incapazes de dizer "sim" muitas vezes são um tanto desajeitadas, dominadoras. Talvez até digam algumas coisas engraçadas, mas impedem a real alegria da improvisação: a reciprocidade entre os atores, o jogo de trocas em que se cria conjuntamente uma cena engraçada. É um trabalho difícil, mas nada é tão gratificante quanto a imensa satisfação de fazer todo um salão lotado gargalhar com riso incontrolável.

A vida é como a improvisação, e aqueles que procuram cambalear bem devem anotar suas regras.

SIM. Talvez não gostemos da cena (ou da vida) em que nos encontramos, mas precisamos aceitá-la como ela é. É assim que o jogo funciona! Todos nos vemos em histórias que não são completamente compostas por nós. Se governássemos o mundo, há aspectos de nossas histórias que não teríamos incluído: defeitos pessoais, contratempos, membros da família de difícil convívio, feridas emocionais, problemas financeiros, decepções românticas. Mas lá estão eles, perturbando nossas vidas como elefantes roxos selvagens. Assistir a pessoas que não são boas em aceitar a realidade de seus parceiros de cena é uma experiência dolorosa, tanto quanto assistir a alguém que não reconhece a realidade de sua vida. Aceitar a vida, com todas as suas verrugas e feridas, não significa se entregar ou mesmo aprovar o sofrimento; significa simplesmente enfrentar a vida como ela é, sem ilusões.

E. Uma vez que houvermos aceitado nossa vida como ela é, com suas tristezas e esplendores, podemos começar a moldar nossa história. Só quando vemos a vida com olhos límpidos e teimosa aceitação podemos acrescentar nosso "e" à vida. Podemos fazer algo dessa história, dessa vida, com todas as suas limitações e contratempos, personagens estranhos e cenários nada espetaculares. Um bom improvisador pode tornar qualquer cena instigante.

Tentar acrescentar um "e" à sua vida antes que você tenha dito "sim" a ela é a receita para o cambaleio ineficaz. Mas é mais difícil dizer sim à vida do que talvez você pense.

Nós humanos somos mestres em enganar a nós mesmos, sempre nos convencendo de que estamos em uma história diferente daquela em que realmente estamos, tentando transformar as pessoas em vilões ou heróis quando elas são apenas humanas, convencendo-nos de que somos irrecuperáveis ou irrepreensíveis. Às vezes evitamos dizer sim à vida porque temos receio de encará-la, receio de encontrarmos sofrimentos não resolvidos, desejos insatisfeitos, remorso e vergonha. Preferimos lutar com uma ilusão do que nos desapontar com a realidade. Então nos debatemos, avançando desajeitadamente e de modo ineficaz. Desperdiçamos energia, desejando ou fingindo que nossa vida é diferente do que realmente é.

Uma vez que houvermos aceitado nossa vida como ela é, com suas tristezas e esplendores, podemos começar a moldar nossa história.

E, enquanto nos debatemos, perdemos energia. Começamos a afundar, afundar, afundar.

Há um poema que recito para mim mesma quando tenho dificuldade em dizer sim para minha vida. É do poeta e padre anglicano inglês Malcolm Guite. Cada verso é como um enfeite precioso que guardo em uma caixinha e tiro de vez em quando caso sinta necessidade. É assim:

Comece a canção onde você está.
Permaneça no mundo onde foi feito.
Na terra ou ar nada de comum há.

Aceite e deixe, sim, soprar o vento.
Comece respirando fundo já,
Na pulsação e ritmo do momento

Ao som suave e brando então atente
Cuide da música e a letra virá.
E respire profunda e lentamente.

Em tigela cantante se converta
E do vazio um belo canto verta,
Ecoando no tempo a eternidade.

E ao encontrar, enfim, tranquilidade
Comece a canção onde você está.[7]

Este poema é sobre uma tigela cantante, um instrumento que parece ter sido desenvolvido na China no século 11 a.C. e usado como ferramenta para a meditação, a composição musical e o relaxamento. É uma pequena tigela de metal ao redor da qual se passa um bastão de madeira. A princípio, nada parece estar acontecendo, mas então, enquanto o bastão de madeira cria vibrações quase indiscerníveis, a tigela começa a cantar. A pessoa que toca a tigela cantante deve ser paciente, porque, se seus movimentos não são lentos e suaves, o bastão irá repicar e perturbar a formação das lentas vibrações que compõem a canção da tigela. Algumas tigelas possuem um tom baixo que ressoa gravemente como o arroto prolongado de um sapo-boi, outras apresentam uma voz cristalina como a de um riacho tombando sobre seixos. Cada canção é belamente diferente, assim como nossa vida e história. Guite usa a tigela cantante como uma metáfora para a oração. Nós vamos até Deus, desejando respostas, orientação, uma sensação de ressonância interna. Porém, muito frequentemente, nossa própria disposição se torna um obstáculo à realização do que desejamos. Passamos o bastão apressadamente ao redor da tigela, exigindo que cante quando nosso ruído e movimento estão impedindo que se crie a canção que desejamos. Culpamos a Deus por seu silêncio, quando tudo o que temos feito é gritar. Precisamos parar de nos debater. "Aquietem-se e saibam que eu sou Deus!", escreve o salmista (Sl 46.10). Precisamos ser pacientes, lentos, firmes. Precisamos aceitar este momento, não tentar apressar o seguinte.

Precisamos aprender a cantar.

Quando você estiver cambaleando, comece a canção onde você está. Não tente prever o futuro ou questionar o passado. Não deseje ser outra pessoa. Aceite a plenitude e vazio de sua vida. A voz de Deus é calma. Escute o murmúrio suave e brando de sua vida. Há uma canção lá, e só na quietude você aprenderá a cantá-la. Diga sim à sua vida. A canção virá na hora certa.

Torne-se a mulher/o homem mais interessante do mundo

Nos museus ele tem permissão para tocar as obras de arte.
Certa vez ele fez baliza com um trem.

Em todos os continentes do mundo há um sanduíche batizado com o nome dele.
Suas mãos são macias como camurça marrom.
Ele fala francês... em russo.
Suas camisas nunca amarrotam.

Certa vez ele fez um gesto desajeitado só para ver qual a sensação.
Certa vez, enquanto navegava ao redor do mundo, ele descobriu um atalho.
Em uma vida passada, ele foi ele mesmo.
Ele é... o homem mais interessante do mundo.

Esses são apenas alguns dos melhores versos da bem-sucedida campanha publicitária da cerveja Dos Equis, apresentando o homem mais interessante do mundo em pessoa: Jonah Goldsmith, um cavalheiro de smoking cuja pele bronzeada e barba bem cuidada exalam aventura, inteligência e sofisticação. Cada anúncio mostra gravações de ótima qualidade de uma vida de aventuras (lutando com espadas contra um samurai, cavalgando um corcel negro através de um salão de bailes) e termina com Goldsmith erguendo um copo de cerveja e dizendo: "Eu não bebo sempre cerveja, mas, quando bebo, é Dos Equis". A marca consegue prometer a seus consumidores que, ao escolher Dos Equis, eles irão não apenas desfrutar de uma deliciosa bebida alcoólica, mas levar uma interessante vida de lazer também. *Você será mais interessante se beber essa cerveja*, o anúncio parece prometer. Mais culto. Mais complexo. Mais homem.

Por que esse anúncio é tão eficaz? Acho que é porque nos lembra do potencial que jaz adormecido na natureza humana: tudo o que poderíamos ser, os aspectos de nossa humanidade a que poderíamos recorrer, mas geralmente não recorremos.

Todo ser humano tem o potencial de ser infinitamente interessante. E isso inclui você. Supomos que algumas pessoas simplesmente nasceram interessantes, saíram do útero interessantes. Mas não creio que isso seja verdade. Claro, algumas pessoas possuem personalidades naturalmente ofuscantes, mas todos nós somos capazes de coisas loucas e maravilhosas. Dentro de todos nós há incontáveis habilidades em potencial. Podemos dançar salsa. Podemos transformar palavras em poesia e histórias. Podemos cozinhar delícias: de pão a molho à bolonhesa, tortas Sacher e guacamole. Podemos ser tão magnificentes que as pessoas querem se inclinar diante de nós, tão bobos que elas caem na gargalhada, tão destruidores de corações que elas poderiam chorar sem parar. Podemos lutar por justiça, doar generosamente, contar piadas. Podemos fazer roupas e criar modas e cortes de cabelos. Há um homem que entalha padrões com um ancinho na areia nas praias perto da minha casa. Sempre que passo subindo a colina e vejo uns quinhentos metros de padrões serpenteantes que a maré logo irá levar embora, penso comigo mesmo: *Os seres humanos são tão estranhos, têm tanto potencial. Podem fazer as coisas mais bacanas.* Mas geralmente não fazem. Geralmente são bem entediantes.

Por que geralmente somos tão entediantes?

Acho que nosso mundo tende a nos transformar em pessoas unidimensionais, que valorizam apenas um aspecto de nossa humanidade em detrimento de todos os outros. Muitas vezes essa monomania tende a ser "trabalho" e "produtividade", embora o tédio possa marchar sob outras bandeiras também ("piedade" e "responsabilidade", até mesmo "sociabilidade"). Esses valores são tão centrais que temos dificuldade em avaliar nossa vida por qualquer outro critério. Entramos em pânico quando não temos um sentido claro de nosso *propósito*, nossa *utilidade*, do que estamos *realizando*, seja na faculdade, no emprego ou na igreja. Assim, mesmo que haja muito mais em nós além de "realização", colocamos todos os nossos esforços em um aspecto de nossa vida, e as outras partes de nós permanecem subdesenvolvidas. Nós nos tornamos como um frequentador da academia que sempre falta ao dia do treino de pernas; alguns aspectos de nossa personalidade são fortes e firmes, enquanto outras partes são atrofiadas e mirradas. Nossos músculos de "realização" são fortes, mas os músculos de relacionamentos, de aventuras, intelectuais, românticos e criativos definham.

Enfatizamos de modo excessivo o "fazer" e de modo insuficiente o "tornar-se".

Isso muitas vezes vem à tona em épocas em que cambaleamos. Tenho notado que minhas temporadas de cambaleio frequentemente coincidem com uma perda do sentimento de propósito ou utilidade. Cambaleei quando terminei minha graduação, descobrindo de repente que não havia um caminho claramente traçado do que fazer a seguir, nenhuma nota para me indicar que eu estava fazendo um bom trabalho, nenhuma programação do semestre para me dizer o que eu deveria fazer a seguir. Minhas amigas relataram um sentimento semelhante quando tiveram seus primeiros filhos; essa é uma tarefa interminável sem marcadores de sucesso ou utilidade. Com que rapidez consigo descobrir o que sou?

O que é bom é que, quando estamos cambaleando, titubeando, geralmente isso cria um espaço vazio em nossa vida, o que nos dá a oportunidade de exercitar outros músculos, o espaço para experimentar diferentes partes de nós mesmos, o tempo de explorar diferentes ideias, habilidades, experiências.

O que estou dizendo é: Olhe só para você! Você está lendo este livro, o que indica algum espaço em sua vida. O enorme abismo de tempo livre depois da faculdade (mesmo que eu tivesse três empregos) me aterrorizava. O espaço vago, todavia, provou ser uma oportunidade para me tornar uma pessoa mais interessante. Li mais do que jamais havia lido naquele ano, descobri novos músicos que adorava, viajei quando as finanças permitiram, aprendi a cozinhar.

Em suma, me tornei uma pessoa mais interessante.

Então aqui está meu desafio: se você estiver cambaleando, assuma como meta tornar-se a Pessoa Mais Interessante do Mundo. Este é o outro lado da moeda de escutar sua vida. Já escrevi que você deve rejeitar o impulso de preencher todos os momentos vazios com gestos sem significado rumo a "algum lugar" imaginado. Mas o vazio também pede para ser preenchido, então preencha-o bem! Não preencha as brechas de sua vida com trabalhos, mas com interesses. Torne-se uma pessoa interessante. É uma boa ideia. O que mais você tem a fazer?

Eis o que quero dizer com isso: faça o que você sempre pensou que seria bom, mas não tinha tempo de fazer. No verão antes de iniciar meu curso de doutorado, resolvi ler um livro sobre física. Era uma área sobre a qual eu estava interessada em aprender mais, e imaginei que não teria tempo para ler durante o doutorado. Levava o livro comigo a todos os lugares, lendo algumas páginas na varanda dos fundos da casa de meus pais, de manhã enquanto acampava com um amigo nas montanhas, no avião de volta para a Escócia. Para ser sincera, provavelmente entendi apenas cerca de 30% do conteúdo do livro; o resto simplesmente saiu voando livremente de minha cabeça voltada para as artes e humanidades. Mas os 30% que absorvi, eu realmente absorvi. Já ouvi dizer que um pouco de ciência transforma alguém em ateu, e muita ciência o transforma de volta em crente. Esse livro totalmente secular me deixou com um sentimento de assombro diante deste universo que chamamos de lar, e pelo menos uma ideia nebulosa do que seja um fóton. (Você já ouviu falar de emaranhamento quântico? É tão legal! Largue já este livro! Procure no Google imediatamente!)

Ler um livro sobre física não contribuiu de imediato para nenhum de meus planos de carreira, mas fez de mim um ser humano mais instruído, mais plenamente desenvolvido para interagir com o mundo e mais maravilhado diante da complexidade e grandeza do universo. Fez-me usar um músculo que estava fora de forma. Tornar-se uma pessoa interessante implica aprender a usar todos os músculos da sua humanidade. As Escrituras dizem: "Ame o Senhor, seu Deus, de todo o seu coração, de toda a sua alma, de toda a sua mente e de todas as suas forças" (Mc 12.30). É fácil espiritualizar esse versículo, como se só amássemos a Deus com nossa mente pensando em Deus. Mas gosto de pensar que viver na plenitude de nossas capacidades em cada uma dessas áreas seja amar a Deus. Não se trata meramente do conteúdo de nosso amor, mas da preposição; nós fazemos essas coisas *com* Deus. Quando usamos nossa mente para ponderar as complexidades do emaranhamento quântico, estamos amando a Deus com nossa mente. Quando corremos uma maratona, ou nos tornamos os melhores alunos da classe, ou da aula de salsa, estamos amando a Deus com todas as nossas forças. Quando amamos alguém de todo o coração ou damos tudo de nós para uma causa importante, estamos amando a Deus de toda a alma. Não vamos dar a Deus menos crédito do que Deus merece. Se Deus nos criou com a capacidade de sermos interessantes, hábeis, inteligentes e cultos, por que supomos que Deus deseja apenas plácidos pequenos devotos que só leem livros de estudo da Bíblia e só comem mingau?

Tornar-se uma pessoa interessante é uma oportunidade de mostrar como são sensacionais os humanos criados por Deus. E estou dando o melhor de mim para ser incrivelmente sensacional.

Em seus esforços para cambalear bem, pense estrategicamente em diferentes áreas humanas em que você gostaria de se desenvolver. Aqui estão algumas ideias:

Pense em como você gostaria de se desenvolver emocional e socialmente. Existem problemas em seu passado ou na família com os quais você não tem lidado? Talvez agora seja o momento de tornar-se uma pessoa mais madura emocionalmente (não há nada mais interessante do que uma pessoa emocionalmente madura!). Você poderia procurar um orientador psicológico ou fazer uma lista de livros ou podcasts que podem ajudá-lo a se desenvolver. Você é um bom amigo? Trate de investir em amizades e na vida social. Faça uma festa em casa!

Considere tanto o seu conhecimento quanto as habilidades intelectuais. Faça uma lista dos livros que você sempre quis ler e inicie a tarefa. (P.S.: Audiobooks ajudam!). Escolha um assunto em que gostaria de se especializar e encontre todos os podcasts, vídeos e livros que puder sobre esse assunto. Tente aprender uma língua ou aprimorar seu conhecimento sobre ela — instale um aplicativo de aprendizado de línguas no computador, assista a um filme em língua estrangeira. Se achar muito difícil, lembre-se de que a mente é um músculo que se exercita. Quanto mais você tentar, mais fácil vai ficar. Nem sempre conseguimos ver o quanto estamos evoluindo.

Pense em como nutrir e fortalecer sua fé e vida espiritual. Você já "se atualizou espiritualmente" ou está só adotando a fé (ou não fé) envelhecida de sua família ou cultura de origem? Já explorou essa dimensão da sua humanidade? O que acha de ir mais fundo? Livrar-se de alguns dos velhos hábitos ou crenças erradas que herdou? Já pensou em experimentar uma igreja diferente ou falar com um diretor espiritual? Que perguntas o atormentam? Que livros você poderia ler para pesquisar respostas para suas perguntas? O que faz a sua alma se sentir viva?

Pense tanto em sua destreza física quanto nas habilidades práticas na vida. Que habilidade você gostaria de ter? Trocar um pneu? Entalhar a madeira? Assista a vídeos no YouTube, aulas perto de onde você mora, procure associações. Aprenda a cozinhar. Não há nada mais recompensador. Você sempre quis dançar? Entre em um estúdio de dança ou procure manuais de dança na internet. Você tem um estilo pessoal? Pense sobre isso e dedique um pouco mais de tempo ao eu físico, visível, que você apresenta ao mundo. Dica de especialista para as moças: experimente usar batom.

Essas são apenas algumas ideias. Tenho certeza de que você terá outras. Porque você é uma pessoa interessante.

Tente não viver em uma bagunça total

Certa vez, em um de meus ciclos rituais de crise sobre quem, o que, onde ou como eu gostaria de ser ou estar no mundo, minha mãe me deu o seguinte conselho: "Joy, não espere para ficar adulta só quando se casar. Compre lençóis bonitos. Economize para comprar uma casa. Crie um lar. Tenha tradições. Talvez você nunca se case! Então por que esperar?". Estando angustiada, é claro que respondi imediatamente com indignação pelo pessimismo de minha mãe em relação ao meu futuro romântico ("Obrigada pelo voto de confiança, mãe!"), mas o conselho era bom e eu gostaria de transmiti-lo a você, especialmente em relação aos momentos em que se sente cambalear: enquanto estiver cambaleando, viva bem. E, mais especificamente: crie um lar e glorie-se nele.

Por diversas razões, minha geração é notória por não ser capaz de alcançar realizações na vida adulta que costumavam ser garantidas. Antes que você ponha toda a culpa nas comidas de aplicativo e em problemas de desenvolvimento, considere nosso drama. O custo de vida disparou enquanto a renda média se estabilizou. O mercado de emprego apresenta exigências cada vez maiores para o ingresso, o que levou muitos de meus colegas a cursar a faculdade e fazer dívidas imensas porque achavam que era isso o que os faria obter um emprego, mas acabaram dando de cara com a "economia informal", que abarca diversos tipos de emprego sem contratos de trabalho oficiais. Não é de admirar que tantos de nós morem com a família. E se morar com a família não estragar o clima romântico para você, o desespero econômico estraga, o que ao menos em parte explica os níveis historicamente baixos de casamento, união e geração de filhos.

Enquanto estiver cambaleando, viva bem. Crie um lar e glorie-se nele.

Talvez você esteja lendo isso e achando que não é uma boa descrição da sua vida. Se você conseguiu passar incólume pela corrida exaustiva pelo emprego ou o mercado de namoro, que Deus o abençoe! Desfrute de sua vida, unicórnio! Tenho certeza de que você tem problemas de algum outro tipo.

Mas, quanto ao restante de nós, isso representa um desafio. Como alguém mais sério do que eu certa vez escreveu: e agora, como viveremos? Como teremos vidas boas esperando por coisas que talvez jamais obtenhamos?

É aí que entra o conselho da mamãe Sally: não espere até ficar adulta.

Ser adulto não tem a ver com quanto dinheiro há na sua conta bancária, o estado de seus relacionamentos ou suas perspectivas de carreira. Um adulto é alguém que é responsável por sua vida e que encara a si mesmo com o respeito condizente com esse papel. Acho que muitas pessoas passam a maior parte da vida adulta sem se encararem dessa maneira, o que apresenta um efeito psicológico. Não se assume tanta responsabilidade nem se tem muito prazer em organizar a vida como se deve. Mas nada ajuda a superar o cambaleio tanto quanto assumir a responsabilidade pelos ritmos de sua vida e obter prazer com eles.

Creio que isso envolve dois pontos. Primeiro: *Tente não viver em uma bagunça total.*

Li essa frase em um blog/oração de Sufjan Stevens e acho que essa é uma aspiração extremamente subestimada. Gosto dela porque não é audaciosa demais; você ainda *pode viver em alguma bagunça*, só *tente* não *viver em uma bagunça total.* Mas ela também aponta para o fato de que deveríamos, em algum nível, tentar organizar nossa vida. Tenho ótimas notícias para você: como adulto, você tem a capacidade de dar alguma ordem e dignidade à sua vida. Muitos de nós ainda levam a vida como calouros de faculdade: ficamos acordados a noite toda e temos uma coleção de pratos desemparceirados e um suprimento inadequado de talheres. Dormimos nos velhos tristes travesseiros que temos desde sempre e suspiramos quando vemos no espelho nosso pijama desemparceirado, em que a calça não combina com a blusa.

Não demos a nós mesmos a permissão nem o impulso para realmente controlar nossas vidas.

Mas você pode controlar sua vida! Pode dar ordem ao caos! E vai se sentir bem quando fizer isso!

A palavra "cosmético" tem origem na palavra grega *kosmos*, que significa "ordem". Essa palavra é usada na versão em grego de Gênesis 1.1. "No princípio, Deus criou os céus e a terra". Esse ato de criação é descrito como um ordenamento e preenchimento do que era anteriormente caótico e vazio ("A terra era sem forma e vazia", Gn 1.2). Palavras como "cosmopolitano" e "cosmético" apresentam associações semelhantes, referindo-se a ações que proporcionam ordem, harmonia e beleza a uma realidade caótica. Como os seres humanos foram feitos à imagem de Deus, temos a capacidade de criar o cosmos a partir do caos. E descobri que criar mesmo um pouquinho de ordem e beleza em nossa vida de cambaleio e bagunça pode ter um ótimo efeito. Para mim, uma forma de praticar isso é em como me visto. Durante o interminável caos que foi a vida em confinamento, eu fazia questão de me vestir bem todos os dias. Ainda que o mundo se esfacelasse, eu estaria vestindo algo bonito, meus cabelos estariam limpos e eu usaria um batom de tonalidade ousada.

Esse pequeno ato de desafio fez com que me sentisse menos fora de controle e me lembrou de quanto poder eu tenho de dar vida e beleza ao meu mundo. Lembrou-me também de que meu respeito por mim mesma não depende das circunstâncias de minha vida. Não vou esperar pelas circunstâncias perfeitas para introduzir ordem em minha vida. Há pequenas formas pelas quais podemos criar um cosmos a partir do caos. A certa altura da vida, eu me proibi de trabalhar enquanto comia. Fiz questão de me sentar por cinco minutos, não tocar no celular e comer como um ser humano digno. Mesmo que fossem apenas vasos comprados em um bazar de caridade ou uma colagem artística de cartões postais, comecei a decorar minha casa como se não fosse um dormitório de faculdade. Comecei a ir para a cama mais cedo. Adquiri plantas para cultivar dentro de casa.

O segredo que ninguém revela é que viver como adulto é, na verdade, muito divertido. Você pode decidir como irá se vestir, que tipo de comida prefere, até que horas ficará acordado nos fins de semana. Ser adulto não significa se encaixar em alguma caixa predefinida de como devem viver os adultos; significa desfrutar de seu papel como rainha ou rei de sua vida, criando uma vida de ordem e simplicidade, que se torna uma fonte de estabilidade para os outros. E isso me lembra do segundo ponto.

Mime-se.

Se você é a rainha ou o rei de sua vida, você também merece algum prazer. Creio que existe um objeto simbólico em nossa mente cuja compra adiamos até algum ponto futuro misterioso, quando seremos adultos estáveis. Para um de meus amigos, é um conjunto de facas de boa qualidade. Ele está agora com mais de trinta anos e é um cozinheiro de mão cheia, mas frequentemente é prejudicado por suas facas baratas de cozinha. Certa vez perguntei a ele por que não comprava facas novas. Ele franziu o cenho e inclinou a cabeça: “Não sei. Creio que estou só esperando até sentir que minha situação ficou mais estável”. Ele tem um emprego estável em tempo integral em uma boa universidade e mora num *flat* que adquiriu... Se isso não é estável, não há nenhuma esperança para o resto de nós!

Qual é esse objeto para você? Um novo jogo de lençóis? Sapatos sociais? Quero que você faça algo: mime-se com esse pequeno luxo que você vem escondendo em sua mente como aquilo que você vai obter ou fazer quando adulto. Ser adulto não se refere apenas aos deveres de organizar a vida, mas também a encarar-se como uma pessoa que importa. Podemos assumir os deveres da vida adulta sem nunca nos permitir os prazeres. Ficamos esperando por algum momento imaginário quando teremos, finalmente, estabilidade. Encare-se com o respeito que a responsabilidade que você assume por sua vida merece.

Muitas vezes, as finanças criam obstáculos para que conduzamos nossa vida de uma forma que seja compatível com sermos adultos. Mas, em meu próprio caso, percebo também que às vezes levo uma vida mais modesta do que preciso. Abstenho-me de prazeres simples, daquele hipotético conjunto de facas, porque isso é algo que vou fazer algum dia quando tiver realmente me estabelecido. Na realidade, algumas das coisas que eu faria nesse futuro imaginário não estão tão fora do alcance financeiramente quanto eu supunha. Há modos simples, baratos de se mimar como um adulto. Talvez seja algo tão simples quanto se permitir o luxo de comprar flores ou uma linda vela perfumada todos os meses. Na medida do possível, tento sair da rotina e me permitir pequenos luxos que me lembram de que não sou uma caloura de faculdade eternamente desesperada — sou rainha do meu reino. E cuidar desse reino se transforma em uma bênção para todos os que nele entram. Se você vai cambalear, bem que pode fazer isso em um apartamento belamente decorado, usando batom e comendo refeições de verdade.

Então tente não viver em uma bagunça total.

Na verdade é muito divertido.

* * *

Querido diário,

Enquanto escrevo isso, a primavera está começando a afrouxar o forte aperto do inverno. Andrew o corvo ainda pousa esporadicamente no telhado, mas flores rosa-choque se abrem otimistas ao seu redor, prometendo calor, beleza e verão. Elas me fazem conter a respiração; quase acredito nelas.

Para falar a verdade, agora tenho outra floresta escura diante de mim. A primavera chegou e com ela a esperança, mas um capítulo de minha vida está se encerrando, e não sei o que me trará o próximo. O velho e familiar frio no estômago me alerta para o fato de que posso estar vagando novamente para dentro da floresta escura. Mas, estranhamente, não me importo. Parece-me quase familiar. Estive aqui antes. Sei o que fazer.

Escutar a minha vida.

Tornar-me a mulher mais interessante do mundo.

Tentar não viver em uma bagunça total.

E pelo menos posso pedir um café no aplicativo de entregas agora.

Paz,

J

Para ler

"Tigela cantante", de Malcolm Guite
Miss Rumphius, de Barbara Cooney

Para ver

Sabrina (1995), com Harrison Ford e Julia Ormond

Para escutar

"Witness Trees", de Henry Jamison
Qualquer improviso de músicos como John Coltrane e Miles Davis

Para refletir

Essas obras de arte se concentram nos dois lados da moeda do cambalear bem: aceitar a vida como é e fazer algo belo dela. *Sim, E.*

Como elas ensinam a cambalear bem? Tanto o poema de Malcolm Guite quanto a canção de Henry Jamison enfocam o reconciliar-se com as temporadas de desordem, confusão e descontrole. Já *Miss Rumphius* e *Sabrina* tratam de mulheres que estão decepcionadas com a vida e, apesar disso, extraem grande elegância, alegria e rumo das temporadas de cambaleio. John Coltrane é a encarnação viva da alegre e excelente arte da improvisação.

Você está cambaleando agora? Que tal cambalear melhor? O que as temporadas passadas de cambaleio lhe ensinaram?

3

Lembre-se: você tem um corpo!

A tristeza e a dor são aliviadas pelo sono e pelos banhos.

Tomás de Aquino, *Suma teológica*[1]

Certa vez fiz uma viagem inesquecível a Paris. Foi na primavera de meu primeiro ano de pós-graduação. Depois de meses de planos e projetos, três de minhas melhores amigas e eu fugimos do gelo sombrio da Escócia rumo ao romance cor-de-rosa da França em fevereiro. Macie morara com a família nas proximidades de Paris durante um ano, então foi nossa guia e tradutora. Planejamos, sonhamos, colocamos na mala nossas roupas mais bonitas (era Paris, afinal!) e ficamos contando os dias, prontas para a viagem de nossas vidas. Foi inesquecível, principalmente por bons motivos.

Ah! Que viagem foi aquela! Pedimos croissants recém-saídos do forno e crepes e cappuccinos em cafés minúsculos. Caminhamos ao longo do Sena à noite e admiramos o brilho dourado das luzes se refletindo nas águas. Vimos a Torre Eiffel espreitando em uma rua secreta cheia de moradores locais espalhados em cafés ao ar livre, tranquilamente saboreando o vinho. Comemos uma quantidade indecente de queijo acompanhado de vinhos incrivelmente baratos (e deliciosos!) e usamos batom todos os dias. Tivemos aventuras perigosas a ponto de render boas histórias, mas não o bastante para realmente nos assustar. Maravilhamo-nos com o Sacré-Coeur, saboreamos cada esquina multicolorida de Montmartre e rimos dos atores de rua. Estávamos tão felizes, despreocupadas e impulsivas quanto uma canção de Joni Mitchell. E todas nos demos muito bem juntas.

Quer dizer, até o último dia.

Tudo começou porque arrumamos as malas com pressa demais para tomar o café da manhã logo. Carregando nossas mochilas, saltamos para dentro do metrô para ver ainda alguns lugares. Paramos primeiro em uma galeria de arte, e então Macie quis tirar uma fotografia na frente da Torre Eiffel para mandar para a avó francesa. Era um pouco fora do caminho, mas, considerando que a Torre Eiffel é o tipo de Atração Imperdível, resolvemos pegar o metrô até lá, passando depois pela Notre Dame e pela célebre livraria Shakespeare and Company, antes de pegar um táxi para o aeroporto. A princípio, a adrenalina nos manteve animadas, mas, por volta do meio-dia, estávamos perdendo as forças. Bem, *eu* estava perdendo as forças.

Quando nos vimos atravessando o caminho poeirento e pedregoso que se iniciava na frente da Torre Eiffel, o açúcar em meu sangue estava em queda livre. Eu me sentia abatida e um pouco trêmula, mas, acima de tudo, fervia de irritação. Naquela época, não consegui perceber o fato de que estava faminta, "famirada", e então essa ira causada pela fome buscava furiosamente por um objeto ou explicação. Decidi ficar irritada porque estávamos indo à Torre Eiffel pela segunda vez. Já *havíamos ido* à Torre Eiffel. *Por que precisávamos ir de novo?*, pensei, enquanto passava por uma deslumbrante árvore florida. *Ninguém se importa com o que eu quero*, resmunguei para mim mesma enquanto passávamos por um quarteto de cordas absolutamente encantador. Não expressei nada disso, mas espinhos devem ter brotado em minha pele, porque Rebecca, a ruiva alta e quieta do grupo, olhou para mim com um ar desconfiado por trás de seus óculos escuros.

A Torre Eiffel, caso você não saiba, é muito alta. Por isso, para se obter uma fotografia razoável é preciso andar alguns minutos pelo caminho diante dela. Então, depois de cinco minutos nos arrastando, finalmente paramos para tirar algumas fotografias. Tiramos algumas juntas (em que pareço surpreendentemente feliz!), e finalmente Macie foi tirar fotografias para a avó dela. Tirou algumas, e aí houve um contratempo momentâneo: uma regulagem errada na câmera. Ela se preparou para tirar novas fotografias.

Foi nesse ponto que fiquei totalmente "famirada". Pelo que me contam, cruzei os braços e perguntei, acidamente: "Quanto tempo vamos ficar fazendo isso?".

Preciso fazer uma pausa e lembrá-lo de que, nesse momento, no momento em que exigi rudemente que minha amiga que estava tirando uma *fotografia carinhosa* para a avó francesa (!) fizesse isso mais rápido, eu estava com três de minhas melhores amigas em PARIS, em um belo dia de primavera, em frente à TORRE EIFFEL, com o cheiro de crepes de Nutella entrando pelas minhas narinas, árvores floridas emoldurando um céu azul e um quarteto de cordas tocando Vivaldi ao fundo. E eu estava MAL-HUMORADA.

Acho que Jenna riu, Rebecca me encarou como um objeto explosivo perigoso e Macie respondeu com algo tipo: "Desculpe! A Torre Eiffel é entediante demais para você?".

Essa história teve um final feliz, porque tenho boas amigas. Jenna avaliou a situação, deduziu rapidamente que aquele era um caso de raiva induzida pela hipoglicemia e transportou meu eu mal-humorado para a lanchonete mais próxima. Era uma lanchonete onde, em vez de pagar pela comida, os clientes pagavam uma taxa por hora por uma mesa e podiam comer o que quisessem em sistema de self-service. Examinei melancolicamente uma bandeja de hortaliças e despejei uma porção no prato obedientemente enquanto as outras conversavam alegres. Alimentada saudavelmente com cenouras, humus, torrada e queijo, comecei aos poucos a me sentir menos rabugenta e, em lugar da irritação, uma sensação de vergonha em relação ao meu comportamento começou a crescer. Eu havia ficado cerca de vinte minutos sem dizer nada. À medida que comecei a me recuperar, e enquanto me sintonizava com a conversa, descobri que elas estavam falando sobre um de meus assuntos favoritos: café da manhã.

Creio que entendi mal, mas Macie disse algo que me soou como "café da manhã festivo", o que fez com que meu cérebro explodisse de entusiasmo diante da perspectiva de duas coisas que eu amava: café da manhã e festas.

— CAFÉ DA MANHÃ FESTIVO? — eu quase gritei, para meu próprio espanto.

Todas as três amigas se viraram para olhar para mim.

— Está se sentindo melhor? — perguntou Jenna, rindo.

Confessei que sim e pedi desculpas por ser tão mal-humorada. Todas elas foram generosas e clementes, e tivemos um adorável término de nossa viagem a Paris. Jenna ofereceu um Café da Manhã Festivo em meu aniversário naquele ano, quando recebi a merecida punição pelo meu comportamento de "famirada" naquele episódio. A punição foi ter de escutar Macie fazer um vívido relato do episódio.

Nunca me esqueci daquilo.

Gostaria de poder dizer que aquela foi a única vez em que a fome quase me fez explodir, mas enrubesço quando penso em quantas discussões acaloradas, crises existenciais e ataques de pânico tive antes de perceber que era simplesmente porque eu havia pulado uma refeição. Soube que, em alguns programas de recuperação, os especialistas ensinam um acrônimo (FISC) para que você possa FISCalizar o surgimento de uma crise. Verifique se você está com Fome, Irritação, Solidão ou Cansaço. E em cerca de 80% de minhas crises mais leves, a primeira letra é a culpada: estou com fome.

A capacidade de discernir a diferença entre uma crise existencial válida e um caso de baixo nível de açúcar no sangue é uma habilidade extremamente valiosa e, ainda assim, misteriosamente difícil de dominar. Há uma história no livro dos Reis que eu adoro. É sobre o profeta Elias, que é, sem nenhuma dúvida, uma das pessoas mais sensacionais da Bíblia. Ele ressuscitou pessoas, invocou fogo do céu e, no final de tudo, não morreu; ascendeu aos céus em uma carruagem de fogo. O nome dele significa "O Senhor é meu Deus", mas ele às vezes era chamado de "perturbador de Israel" (1Rs 18.17), por ser incansável na rejeição aos falsos deuses. Que homem!

A história se passa logo depois de Elias ter tido a disputa mais impressionante com os profetas de Baal (1Rs 18). Ele zomba impiedosamente dos profetas que invocaram o nome de Baal, gritaram e cortaram-se com facas e espadas na tentativa de fazer com que Baal (seu deus) pusesse fogo no altar, provando assim sua superioridade diante do Deus de Israel. "Talvez esteja meditando ou ocupado em outro lugar. Ou talvez esteja viajando, ou dormindo, e precise ser acordado!" (1Rs 18.27), diz Elias em provocação, parecendo se divertir demais ao testemunhar todas as tentativas infrutíferas. Como bom diretor de espetáculos, Elias manda que derramem água três vezes sobre o altar (só para provar sua declaração) e invoca Deus para que demonstre seu poder. Deus cobre tudo com o fogo do céu. É uma vitória decisiva para Elias, o grande homem de Deus.

Entretanto, apenas um capítulo depois, encontramos Elias sentado debaixo de um pé de giesta e desejando morrer.

"'Já basta, SENHOR', disse ele. 'Tira minha vida'" (1Rs 19.4).

Devo mencionar que, depois do confronto, a sanguinária rainha Jezabel soube do ocorrido e enviou uma mensagem a Elias dizendo que pretendia matá-lo no dia seguinte. Isso explica um pouco o problema, mas a questão é que esse tipo de ameaça já fora feita antes. O *modus operandi* de Jezabel é jurar vingança aos inimigos. E, de qualquer modo, Deus não tinha acabado de lançar em chamas todo um vale para provar que Baal não é poderoso? Todavia, quando você está cansado e seus inimigos amarraram seus cadarços enquanto você está tentando fugir, é difícil acreditar na vitória.

Então Elias tem esse pequeno surto e cai no sono.

O que será que Deus vai fazer? Irá repreender Elias pela falta de fé? Mostrar-lhe uma visão celestial ou um milagre espetacular? Talvez Deus envie uma mensagem de julgamento ou encorajamento?

Nada disso. Eis o que acontece:

Um anjo toca Elias, e o profeta acorda.

Um pão assado sobre pedras quentes e um jarro de água esperam por ele.

"Levante-se e coma!", diz o anjo.

Ele faz isso. E então adormece outra vez. Mais uma vez o anjo toca Elias.

"Levante-se e coma um pouco mais, do contrário não aguentará a viagem que tem pela frente" (1Rs 19.5-7).

Nada de visão celestial. Nada de palavra profética. Apenas instruções para comer e descansar. Elias obedece. No dia seguinte, Elias faz sua jornada através do deserto até o monte Sinai. Deus lhe pergunta o que está fazendo ali.

> Ele respondeu: "Tenho servido com zelo ao SENHOR, o Deus dos Exércitos. Contudo, os israelitas quebraram a aliança contigo, derrubaram teus altares e mataram todos os teus profetas. Sou o único que restou, e agora também procuram me matar".
>
> 1Reis 19.10

Elias estava em pleno colapso. Estava com Fome, Irritação, Solidão e Cansaço. A resposta de Deus sempre me emociona: Deus não é ríspido com Elias, nem mesmo "espiritual". Deus não repreende Elias por não ter fé o bastante. Deus o trata como um bebê irritado: Deus o toca, lhe dá comida e água, faz com que ele durma. E, assim que Elias está bem o suficiente para escutar, Deus o lembra de que ele não está sozinho.

De certo modo, é consolador saber que até Elias, o "perturbador de Israel" e poderoso profeta de Deus, caiu vítima do desespero induzido pela fome. E me consola ainda mais saber que Deus lidou com o descontrole de Elias de forma bastante semelhante a como Jenna lidou com o meu: compaixão divertida, uma soneca e um lanche. Nunca subestime o poder espiritual de uma soneca e um lanche.

Gnósticos acidentais

Foi minha mãe quem primeiro me contou a história de Elias, e ela a contou com um sorriso zombeteiro, porque me conhece bem. Fico chateada que todos os que me amam saibam dessa minha fraqueza, mas não tem jeito: sou um tanto frágil.

Sou hipoglicêmica. Tenho pressão sanguínea extremamente baixa. Tenho enxaquecas e asma e sou famosa por desmaiar dramaticamente nos momentos mais inconvenientes. Minha fragilidade física não combina com minha autopercepção. Eu me imagino como uma mulher forte, de mangas arregaçadas, com infinita coragem, energia e autocontrole. A realidade é muito diferente. Parte do problema é que sou voltada demais ao espiritual para meu próprio bem terreno. Esqueço-me de cuidar de mim mesma e aí fico chocada quando meu corpo se rebela contra mim. Não desejo nenhum mal ao meu corpo; só me parece extremamente inconveniente ter de comer, dormir e beber todos os dias. Que inflexibilidade! Que ineficiência! Por que não podemos comer só uma vez por semana? Dormir uma vez por mês?

Estou em uma batalha constante para me lembrar de que tenho um corpo e para não desprezar suas limitações.

De certo modo, acho consolador que essa seja uma batalha tão antiga quanto a própria igreja. Mais antiga ainda, na verdade. Uma das mais antigas e mais persistentes heresias era uma forma de gnosticismo. Gnosticismo vem da palavra grega *gnōsis*, que significa "conhecimento" ou "iluminação". Os gnósticos acreditavam que o mundo material é a fonte do mal do qual a humanidade precisa ser salva, e que, para atingir essa salvação, precisamos alcançar um estado de iluminação espiritual. Para os gnósticos, os corpos são sinais de nosso aprisionamento; só podemos ser livres e completos se escaparmos desses vasos carnais terrenos que estão sempre fazendo coisas embaraçosas como comer, dormir, chorar, beber e fazer amor. Quando se envolveu com o cristianismo, o gnosticismo interpretou a vida e o ministério de Jesus como um meio de escapar ao corpo em nome de viver uma vida mais "espiritual" e, portanto, "real".

Frequentemente vivo como gnóstica. Ajo como se ser cristã fosse algum tipo de conhecimento espiritual secreto que é separado das incansáveis demandas de meu vaso carnal egoísta (e melhor do que ele!). Acho que muitos de nós agem dessa forma, vendo o corpo subconscientemente como obstáculo, inconveniência diante do trabalho "mais importante" de cumprir nosso propósito, servir às pessoas, ser espiritual (o que quer que isso signifique!). Quando entramos em colapso, sentimo-nos exaustos, choramos ou temos um ataque de pânico, encaramos isso como fraqueza ou imaturidade. Esquecemo-nos de que temos corpos.

Isso era mais óbvio para mim quando eu trabalhava como supervisora do dormitório em minha universidade durante a graduação. Antes de iniciar o trabalho daquele ano, que consistia em encurralar calouras rebeldes, éramos enviadas a um retiro em um local tranquilo com um diário e uma agenda na qual estava escrita a seguinte oração (parafraseada):

Eu não sou Deus.
Tenho um corpo.
Sou limitada.
Não posso estar em todos os lugares ao mesmo tempo.
Não posso realizar as necessidades de todos.
Se eu não comer, vou morrer de fome.
Se eu não dormir, morrerei.
Sou uma criatura de Deus e, como suas outras criaturas,
Preciso comer,
Preciso dormir,
Preciso beber,
Preciso ter abrigo,
Preciso ser confortada por aqueles a quem amo.
Sou limitada.

Sou uma criatura.
Foi assim que Deus me fez.
Sou boa.

Eu não tinha como saber o quanto e com que frequência iria precisar dessa oração naquele ano. Eu tinha 46 alunas de graduação sob meus cuidados. Desde ficarem trancadas do lado de fora até saudades de casa, problemas com garotos ou episódios suicidas, elas pareciam ter necessidades intermináveis. Comecei a ser assaltada por um sentimento de vigilância constante que imagino ser algo semelhante a ser mãe ou pai. Eu estava sempre "ligada" e pronta a ser interrompida. Cuidar de outros seres humanos, sejam quais forem as circunstâncias, é um teste de nossa condição de criaturas; faz-nos pensar que precisamos ser infinitos e mostra-nos que não somos.

Eu me sentia culpada por cuidar de mim mesma. Muitas vezes tentava fingir que não tinha um corpo, como se fosse uma máquina de amor e responsabilidade cuja bateria nunca acaba. Aprendi rapidamente (embora não tão rapidamente como gostaria!) que ignorar minhas necessidades nunca funcionava, porque tenho um corpo, e ele tem exigências. De que adiantaria eu dar tudo até não ter mais nada para dar? Ficar tão extenuada que tudo o que eu teria a oferecer seriam as gotas cansadas e sujas de um pano de cozinha usado demais (eu)?

Então, toda semana, comecei a reservar cuidadosamente uma manhã na qual ninguém poderia me perturbar a não ser que fosse uma emergência absoluta. Dormia até tarde. Ia até uma lanchonete na cidade vizinha para que ninguém pudesse me encontrar. Pedia um café americano com um croissant de presunto e queijo. Escrevia em meu diário. Escutava minhas músicas e vivenciava sentimentos existenciais. E então voltava para o campus, maravilhosamente revigorada, pronta para lidar com seja lá o que fosse que surgisse no quarto andar do conjunto de dormitórios Horton Hall.

Conseguia ser muito mais generosa com os outros quando era mais generosa comigo mesma. Mas isso também começou a despertar uma suspeita secreta em mim: que meu corpo não era um mero veículo para boas obras, mas um meio de graça. Minhas necessidades se tornaram para mim um lembrete de que, como Juliana de Norwich diz: Deus me fez, Deus me ama, Deus se importa comigo. Meu eu gnóstico via a fé como algum mistério especial separado de meu corpo, mas, quando comecei a cuidar de mim mesma com mais carinho, comecei a perceber que, na verdade, meu corpo carregava ele mesmo um conhecimento secreto. Que ele me falava dos mistérios de Deus. Que, quando eu o silenciava, silenciava a Deus.

Os primeiros cristãos gastaram muito tempo e tinta enfatizando que Jesus realmente possuía um corpo. O gnosticismo, a fuga do corpo, é exatamente o oposto da mensagem do cristianismo. As boas-novas da fé cristã principiam com este acontecimento incompreensível: "Assim, a Palavra se tornou ser humano, carne e osso" (Jo 1.14). Deus não nos resgatou do mundo de corpos, doença e morte; entrou nele e começou a redimi-lo de dentro para fora. Ao adquirir um corpo, Deus declarou que este mundo e estes corpos são dignos da salvação. Gosto do modo como Atanásio (328–373), esse grande defensor da encarnação, comenta:

> Todos sabem como é quando um grande rei entra em uma grande cidade e habita em uma de suas casas; devido à sua estadia naquela única casa, toda a cidade é honrada, e os inimigos e ladrões deixam de molestá-la. Da mesma forma acontece com o Rei de

> todos; ele veio ao nosso país e habitou em um corpo entre muitos e, em consequência, os planos do inimigo contra a humanidade foram frustrados e a corrupção da morte, que antes mantinha a humanidade sob seu poder, simplesmente deixou de existir. Pois a raça humana teria perecido completamente se o Senhor e Salvador de todos, o Filho de Deus, não tivesse descido entre nós para pôr fim à morte.[2]

Ao tomar um corpo para si, Deus "honrou" (o que aqui significa "tornou honrado") nosso corpo e nosso mundo carnal. Jesus não veio para nos salvar de nosso corpo; veio para salvar nosso corpo do pecado e da morte. Porém estamos tão impregnados com essa desconfiança de que nosso corpo é supérfluo que pode levar muito tempo para entendermos que ele é, na verdade, um meio de graça.

Foi assim para Agostinho de Hipona (354–430). O bispo norte-africano, cuja teologia exerceu uma influência sem paralelo sobre o mundo ocidental, tinha um relacionamento muito complicado com corpos. Ele raramente se esquecia de que possuía um corpo, e essa era grande parte do problema. Como qualquer jovem rebelde com amor-próprio, antes de sua conversão ele passou o período entre os 20 e 30 anos experimentando diferentes religiões, dormindo com sua concubina e lendo filosofia deprimente. Apesar de ter levado uma vida de hedonismo, entregando-se aos desejos do corpo, ele se sentia em um profundo conflito. Em uma passagem de *Confissões* (sua autobiografia espiritual), ele descreve sua juventude como agitada por desejos incontroláveis, quando "tudo ao redor borbulhava aos meus ouvidos

Ao adquirir um corpo, Deus declarou que este mundo e estes corpos são dignos da salvação.

o fervilhar de amores impuros".[3] Longe de satisfazê-lo, suas explorações carnais o deixaram ainda mais faminto e mais lascivo do que no início. Agostinho atravessou muitas fases no esforço de reconciliar suas intuições intelectuais, seus desejos incontroláveis e seu desconforto moral: passou rapidamente de um hedonismo epicuriano (ceder a todos os desejos!) ao estoicismo (tentar disciplinar os próprios desejos), ao maniqueísmo (tentar matar os próprios desejos!). Foi nessa última fase que ele permaneceu durante mais tempo antes da conversão.

Originado de uma ramificação do cristianismo, o maniqueísmo foi um culto gnóstico que acreditava que a transcendência dos desejos corporais poderia ser atingida por meio de uma série de práticas complicadas e místicas. Os maniqueus encaravam com muita seriedade a transcendência da esfera de prazeres físicos. Acreditavam que a procriação era um mal. Seus sacerdotes comiam apenas hortaliças como pepinos e melões, porque eram alimentos encarados como menos "físicos" e mais espirituais, já que se podia ver a luz através deles. (Compartilho esse fato sempre que tenho uma oportunidade porque acho muito engraçado.) Eles buscavam, na medida do possível, cortar os laços com tudo o que fosse físico, prazeroso e corporal. Como um homem que havia sido profundamente ferido por sua própria busca de prazer, Agostinho encontrou essa escapatória da prisão dos apelos de seu corpo cheio de desejos. E, no entanto, foi por meio da beleza do mundo físico que ele acabaria experimentando o amor de Deus e se converteria. Ele relata isso de modo mais belo na seguinte passagem:

> Tarde demais eu te amei, ó Beleza tão antiga e tão nova! Tarde demais eu te amei! E eis que tu estavas dentro de mim, enquanto eu estava fora; era lá fora que te procurava. Criatura deformada,

> mergulhei de cabeça nesses objetos de beleza que tu criaste. Tu estavas comigo, mas eu não estava contigo. Elas me detiveram longe de ti, essas coisas belas que, se não estivessem em ti, simplesmente não existiriam. Tu me chamaste, gritaste e rompeste minha surdez. Tu reluziste, brilhaste e aniquilaste minha cegueira. Tu espalhaste doces perfumes, e eu os inalei e suspirei por ti. Degustei, e senti fome e sede. Tu me tocaste, e eu senti um desejo ardente de tua paz.[4]

Note toda a linguagem sensual que ele usa: som, perfume, paladar, tato. Esses elementos corpóreos, que a princípio o deixaram faminto e sozinho, foram transfigurados em Cristo, fazendo-o sentir a mão de Deus sustentando a boa criação em que Deus se deleita, brilhando através dela e chamando Agostinho a mergulhar cada vez mais fundo na beleza tão antiga e tão nova. Agostinho nunca resolveu inteiramente seu desconforto com os corpos, mas deixou de tentar fugir ao seu, pois foi por meio dele e de todos os seus desejos incontroláveis que ele começou a perceber a graça transformadora de Cristo, que não nos resgata de nosso corpo, mas o transforma.

Creio que meu texto favorito dos primeiros cristãos sobre a bondade dos corpos é *A alma e a ressurreição*, de Gregório de Nissa. Nele, Gregório registra uma conversa no leito de morte de sua irmã Macrina. Gregório está profundamente angustiado diante da ideia de perder a irmã, que o criou e educou, então começa a lhe perguntar sobre a alma e como a alma sobreviverá ao corpo. No instante em que seu corpo está lhe falhando, poderíamos pensar que ela iria falar sobre bênçãos espirituais, mas, em vez disso, o que encontramos é um argumento gradual em defesa da esperança de corpos ressuscitados.

Com a gentileza e compaixão de uma irmã mais velha, ela fala dos seres humanos como criaturas e seres encarnados que são sempre incompletos em si mesmos e que são, portanto, sempre atraídos por diversas necessidades, de comida, sexo ou companhia. Ela indica que isso é um reflexo da natureza que compartilhamos com os animais. Longe de ser algo negativo, Macrina encara nossa condição de criaturas como uma característica de concepção. Deus nos atrai de novo para si constantemente. Nosso corpo nos lembra de uma verdade preciosa: somos seres dependentes. Não tínhamos de existir, mas existimos. Dependemos de outros para a continuação de nossa existência e, mais fundamentalmente, dependemos de Deus. Como observa o salmista: "Ele nos criou e a ele pertencemos; somos seu povo, o rebanho que ele pastoreia" (Sl 100.3). Padecendo em um corpo moribundo, ela se lembra de sua completa dependência de Deus, do fato de que todas as necessidades de seu eu delicado a chamam de volta a Deus. Macrina pergunta a Gregório: se nossas necessidades corporais fossem "arrancadas completamente pela raiz [...] o que ali nos conduziria à união com o celestial? Ou se o amor for destruído, de que forma poderemos nos unir com o Divino?".[5]

Quando finalmente comecei a deixar de tratar meu corpo como dispensável, passei a ver o que Macrina queria dizer. Corpos são bons. Suas necessidades refletem nossa total dependência de Deus, e o amor e cuidado total de Deus para conosco. Não é apesar de nosso corpo que vivenciamos Deus, mas por meio dele. Ultimamente, todas as vezes que sinto fome ou sono, penso comigo mesma: *Sou a ovelha de Deus. Ele cuida de mim.* Mas ainda tenho muito a aprender. Quão mais amável e livre eu seria se todas as vezes que sentisse alguma necessidade — sono, comida, solidão — eu experimentasse isso como um lembrete de que Deus me ama?

Você não é uma máquina

As metáforas que usamos para nos descrever importam. Notei que falamos frequentemente sobre nós mesmos como se fôssemos máquinas. Nós "ajustamos". Nós "processamos" os acontecimentos da vida. Nós "recarregamos nossas baterias" quando estamos exaustos. Em si mesmas, essas metáforas podem ser inofensivas, mas, quando se entranham em nossa imaginação, podem se tornar destrutivas. Agimos como se devêssemos ser capazes de esperar as mesmas coisas de nós mesmos todos os dias. Exigimos coerência; somos duros com nós mesmos quando não realizamos, funcionamos, trabalhamos. Máquinas trabalham, e nós deveríamos trabalhar também. Quando as máquinas quebram, jogamos fora o que é inútil ou desmontamos para reutilizar peças.

Você não é uma máquina. Você é mais como um jardim. Você precisa de coisas diferentes em dias diferentes, um pouco mais de sol hoje, um pouco menos de água amanhã. Você tem estações de pousio e estações frutíferas. Não se trata de uma falha de projeto; é mais sábio do que a mesmice perpétua. Se você espera que um jardim "produza" coisas com a mesma regularidade e uniformidade de uma máquina, ficará desapontado. Se você tenta cuidar de um jardim da mesma forma como cuida de uma máquina, você irá destruí-lo. O mesmo se aplica a seu corpo e sua vida emocional.

De que seu jardim necessita hoje? Esta manhã o meu necessitava de solidão e sono suficiente. A seguir, precisava de uma xícara de chá quente e doce antes que o mundo despertasse. Precisava prestar atenção aos narcisos florescendo obedientemente em minha escrivaninha, observar pingos de chuva descerem em pequenos riachos pela minha janela e escutar Yo-Yo Ma tocar uma suíte para violoncelo de Bach. Talvez você diga que necessidade é uma palavra forte demais, mas eu responderia que talvez você não tenha escutado a *Suíte para Violoncelo nº 2 em Ré Menor*. Sinto uma necessidade dela semelhante à fome física em meu corpo.

Chamam isso de autocuidado, mas acho que há algo mais. "Autocuidado" implica que sou capaz de cuidar de mim mesma. De certa forma, eu sou, e isso é bom. Mas há outro fator. Quando paro para cuidar de mim mesma, reconheço implicitamente que o mundo prosseguirá sem mim. Que eu não posso fazer tudo. Que não sou Deus. Autocuidado é uma percepção dos limites do eu, uma escuta à natureza do ser humano, que é fundamentalmente dependente. Não é algo encerrado em uma pequena bolha de egoísmo, mas um reconhecimento tranquilo, confiante de que Deus é Deus e eu não sou. Quando descansamos, dizemos a verdade sobre o mundo.

> **Autocuidado é uma percepção dos limites do eu.**

Esquecer-se de que se tem um corpo não é heroísmo; é arrogância. Se você negligenciar suas necessidades corpóreas, vai se ver emburrada em Paris ou sob um arbusto em Berseba dizendo a Deus que deseja morrer. Você deve cuidar de si mesmo porque isso o tornará uma pessoa mais estável, mais capaz de funcionar e ser útil ao mundo, mais capaz de ajudar e encorajar outras pessoas. Mas você também deve cuidar de si mesmo porque você não é Deus; você é uma criatura dele, e ele se deleita em mostrar seu amor por você. Suas necessidades físicas são um lembrete diário, a cada momento, de que Deus não o criou para ficar sozinho, desesperado e faminto, mas para ser cuidado. Como uma ovelha feliz e rechonchuda.

Quando fico me achando o máximo e pensando que posso mandar no mundo sem tirar uma soneca ou comer um lanche, leio o salmo 131.

> SENHOR, meu coração não é orgulhoso,
> e meus olhos não são arrogantes.
> Não me envolvo com questões grandiosas
> ou maravilhosas demais para minha compreensão.
> Pelo contrário, acalmei e aquietei a alma,
> como criança desmamada que não chora mais pelo leite da mãe.
> Ó Israel, ponha sua esperança no Senhor,
> agora e para sempre!

Amo esse salmo. É tão íntimo e pessoal, recordando o sentido mais visceral de segurança e conforto físicos: ser embalado nos braços da mãe. É onde todos começamos, em total dependência. Cada um de nós existe hoje porque alguém o alimentou e trocou-lhe as fraldas quando bebê. Adoro que o salmista nos peça para imaginar Deus como uma mãe, cuidando gentilmente de nossas necessidades. Isso é precioso para mim, e de vez em quando eu preciso conhecer Deus como mãe também.

Então, hoje eu me lembro de que tenho um corpo. E que ele é algo muito, muito bom.

Para ler

"Gansos selvagens", de Mary Oliver
A encarnação do Verbo, de Atanásio de Alexandria

Para ver

A Anunciação, de Henry Osawa Tanner

Para escutar

"Just Before Dawn", de Sonnymoon

Para refletir

Todas essas obras de arte enfocam a integridade, bondade e santidade do corpo. O poema de Mary Oliver e a canção lúgubre de Sonnymoon nos lembram das carências essenciais dos seres humanos, nossa condição de criaturas, e o livro de Atanásio nos lembra de que essa condição de criaturas é boa, consagrada por Jesus. A imagem de Henry Osawa Tanner nos recorda da simplicidade, humildade e humanidade de Maria, mãe de Jesus. E foi exatamente por meio de sua humanidade, sua corporificação, que Jesus nasceu; não apesar do corpo dela, mas por causa dele.

Como você encara seu corpo? Você considera a fé como uma conquista do "conhecimento secreto" que é mais importante do que seu corpo? Escute seu corpo e pergunte-lhe o que pode lhe contar sobre Deus.

4

Desfrute das coisas não ironicamente

Ele adornara a alma com o gosto mais sutil e agora ansiava pelo antigo lixo.

F. Scott Fitzgerald, *Os belos e malditos*

Meu irmão Nathan tem um grupo de discussão no Facebook chamado "Os que pensam demais", no qual os participantes pensam demais sobre uma variedade de assuntos que vão de falhas na trama de *O Senhor dos Anéis* até a aporia teológica do livre-arbítrio e as regras fonéticas arbitrárias da língua inglesa. É muito divertido. Um dia desses, Nathan perguntou: "Qual é o seu prazer inconfessável?". As respostas e o debate que se seguiu me deixaram perplexa e levemente irritada. Uma pessoa escreveu que seu prazer inconfessável eram os audiobooks, uma segunda respondeu que era o filme *A vila*, de M. Night Shyamalan, enquanto uma outra ainda respondeu: "A adaptação da BBC de *Orgulho e preconceito* de 1995". *Que horror*, pensei, enquanto passava os olhos pelas respostas, *deve ser muito embaraçoso para vocês gostarem de se instruir, de um filme indicado para o Oscar e da melhor adaptação de um romance clássico da era da regência.* Em que planeta invertido esses prazeres seriam considerados inconfessáveis?

Falando toda a verdade, talvez eu tenha me sentido um pouco magoada porque havia respondido, com toda a sinceridade: "Os reality shows da Netflix, *Casamento às cegas* e *Casamento à indiana*", antes de ler as respostas dos outros. Sinto-me melhor se penso que gosto desses reality shows inferiores porque estou "pesquisando" a "condição humana" para meu "futuro romance". Será que o fato de que sou solteira aos vinte e tantos anos tem algo a ver com minha apreciação desses programas? Sem comentários...

Quando o calor da tormenta de minha incredulidade esfriou, comecei a ponderar sobre que dinâmica estava em ação nessa discussão intrigante. Certamente há prazeres que podemos considerar inconfessáveis, vícios que prejudicam outras pessoas ou nosso próprio caráter moral. Mas em geral, quando perguntamos a alguém sobre seus prazeres inconfessáveis, estamos nos referindo a passatempos bastante inocentes em relação aos quais sentimos embaraço ou vergonha, pelo fato de serem simples, rústicos ou superficiais demais. Por que, então, as pessoas confessariam que se sentem embaraçadas com o que me parecem prazeres de bom gosto e perfeitamente respeitáveis?

Minha cínica interior sugeriu cruelmente que alguns dos comentadores *não* se sentiam, na verdade, envergonhados com esses prazeres e haviam apenas usado aquela postagem como um jeito de ostentar seu bom gosto. Esse era, sem dúvida, o caso de alguns. Mas a maioria dos membros do grupo parecia sincera sobre seus prazeres inconfessáveis; havia um desconforto discernível no tom de seus comentários confessionais. Era isso o que era mais desconcertante: como era possível que tivessem encarado essas coisas objetivamente boas como "prazeres inconfessáveis"? Quanto mais eu pensava naquilo, mais me parecia que as pessoas estavam simplesmente falando sobre as coisas de que gostavam, mas que o próprio fato de gostarem delas era motivo de desconforto, vergonha ou culpa. Não era o *objeto* de que gostavam que era inconfessável; era o próprio *gostar*.

Ah, pensei, *isso eu entendo*.

Entendo a vergonha associada a gostar das coisas, gostar das coisas erradas ou gostar delas *demais*, porque tenho passado tempo demais no X, o antigo Twitter. Comecei a usar o X/Twitter mais regularmente durante o primeiro ano de meus estudos de doutorado como uma das formas mais divertidas de adiar a redação da minha tese. O X/Twitter é realmente uma câmara de ressonância. Se você grita no abismo com amargura, raiva ou ironia, o abismo gritará de volta. Se, em vez disso, você grita estranhas brincadeiras literárias e suas opiniões sobre a melhor marca de chá preto, estranhos na internet irão berrar suas adaptações favoritas de *Orgulho e preconceito* e marcas de batom para você. É ótimo! Em certo sentido, é um lugar maravilhoso para ser uma pessoa entusiástica que gosta de coisas. É uma plataforma perfeita para encontrar pessoas que gostam das mesmas coisas que você, não importa quão obscuras sejam essas coisas.

Todavia, é também um lugar onde as pessoas irão encontrar seu cantinho ensolarado e suas piadas obscuras sobre Charles Dickens e ficar extremamente enraivecidas com tudo.

Por exemplo, certa vez, depois de experimentar fazer pão durante o confinamento de 2020, tuitei que o modo como o fermento faz o pão subir parece quase mágico. Embora o tuíte tenha recebido algumas respostas positivas de colegas convertidos em padeiros durante o confinamento, um grupo de cerca de dez homens irritados se juntou digitalmente para me mandar emojis zangados, dizendo que eu era antipática, me bloqueando e sugerindo que minha admiração em relação às propriedades notáveis do fermento ocultava o mais sinistro objetivo comercial.

(Deixe-me assegurar-lhe de que, para minha grande decepção, eu não tenho uma padaria secreta e não recebo, em nenhuma forma, benefícios financeiros com a venda de fermento. Uma pena!)

De modo geral, não me deixei abater, acostumada como estou à insensatez da internet, mas fiquei genuinamente curiosa quanto ao motivo pelo qual eles odiaram *tanto* esse tuíte em particular. Com a fria indiferença de uma pesquisadora, perguntei a vários deles por que haviam ficado zangados. Ao que parece, meu crime foi que eu gostava demais de fazer pão, que isso era irritante e que seria preferível que eu fosse mais fria. Um deles me perguntou se eu poderia "não ser desse jeito". Respondi que, lamentavelmente, não poderia.

Não é de admirar que as pessoas relutem em confessar prazeres na vida!

Acho o modo como policiamos nosso divertimento e o de outras pessoas absolutamente fascinante. Por natureza, me oponho ao policiamento da diversão; talvez você possa me chamar de anarquista da diversão. Tendo a pensar que a vida é dura, e sempre que encontramos diversão inocente, deveríamos lambê-la, chupá-la até o osso e dar graças a Deus. Mas é mais fácil falar do que fazer. O ódio (e essa é a palavra certa) e a concomitante culpa que já experimentei algumas vezes por gostar da vida e admitir que gosto me fizeram refletir sobre por que temos um relacionamento tão tenso com o prazer, a diversão e o apreço das coisas. Cercamos nossas confissões de prazer com embaraço e ironia, e nos esforçamos para não nos entregar a esse prazer com muita frequência ou de forma demasiada.

Por que fazemos isso? Não posso falar em nome da polícia da diversão, mas, pelo que observo, minha própria relutância em desfrutar plenamente das coisas se reduz a três preocupações:

Medo do que as pessoas vão pensar de mim.
Vergonha por sentir prazer.
Culpa por gostar de coisas quando o mundo está se desintegrando.

Acho que esses são obstáculos significativos à felicidade que precisam ser enfocados se queremos viver bem. Confessar que se gosta de *Casamento à indiana* pode parecer algo pequeno, mas as forças que fazem com que a diversão ou a confissão de que se gosta de algo sejam tão tensas e complicadas são as mesmas que corroem nossa capacidade de fazer amizades profundas, acreditar em coisas boas e admitir sem hesitação que estar vivo é algo bom.

Os músculos espirituais e emocionais que exercitamos ao desfrutar de prazeres inocentes integralmente e de todo o coração estão no cerne de uma vida bem vivida e substancial.

Estou convicta de que os músculos espirituais e emocionais que exercitamos ao desfrutar de prazeres inocentes integralmente e de todo o coração estão no cerne de uma vida bem vivida e substancial. Desfrutar das coisas não ironicamente pode ser um pequeno ato de resistência às forças desanimadoras do mundo moderno e pode ter repercussões espirituais profundas.

Não está convencido? Vamos examinar os três obstáculos que nos impedem de gostar das coisas não ironicamente. Para mantê-lo interessado, vou confessar (outro) dos meus prazeres inconfessáveis ao final deste capítulo.

O que as outras pessoas vão pensar de mim?

A primeira razão pela qual negamos ou menosprezamos nossa diversão é que temos medo do que as outras pessoas poderiam pensar de nós. Esse medo pode assumir muitas formas. Podemos ter medo de admitir o quanto amamos *Avatar: O último mestre do ar* porque não queremos parecer imbecis, incultos, bobos ou estranhos. De fato, esse medo pode não só nos impedir de admitir nossa apreciação como até nos impedir de desfrutar de nossa diversão plenamente. Ou talvez tenhamos medo de que, se nossos amigos cristãos souberem que gostamos da banda inglesa The 1975, eles possam pensar que somos ímpios progressistas sem nenhum padrão de moralidade. Ou talvez tenhamos medo de que, se admitirmos o quanto gostamos de Bach, as pessoas possam pensar que somos esnobes arrogantes e pretensiosos. Quer seja nosso gosto, nossa moralidade ou nossa inteligência, temos medo de que admitir nossa apreciação por algo específico possa comunicar algo que faça com que os outros nos desaprovem. Talvez nem tenhamos medo *do que* as pessoas irão pensar de nós, mas simplesmente de que elas *irão* pensar algo de nós, seja o que for.

Creio que isso revela um medo e um desejo muito mais profundos, entranhados profundamente na natureza humana. A razão pela qual o que outras pessoas pensam de nós influencia tanto nosso comportamento é que somos criaturas feitas para nos desenvolvermos nos relacionamentos e em comunidade. Os relacionamentos estão profundamente gravados em nossa natureza. Como membros do reino animal, precisamos da aprovação dos outros como um pressuposto de sobrevivência; se ninguém gostar de mim, quem irá me proteger? Cuidar de mim? Ajudar-me se eu cair? Como animais sociais, precisamos da aprovação dos outros para ajudar a estabelecer o significado de nossas ações e o valor de nossa vida. Se ninguém gosta de mim, a quem irei me associar? Como saberei que meu trabalho importa? E, como seres espirituais feitos à imagem de Deus, nossa própria existência está abrigada na eterna reciprocidade da Trindade.

Fomos criados para relacionamento e união; qualquer ameaça a isso parece enorme. O medo do isolamento nos incomoda tão profundamente que faríamos praticamente qualquer coisa para impedi-lo. Ajustamos nossas diversões, negamos nossa personalidade e conformamo-nos ao modelo das pessoas que não irão criar problemas, que conseguem se integrar e ser aceitas. Preocuparmo-nos com o que as outras pessoas pensam de nós não é necessariamente algo ruim. Na verdade, é o responsável por muito do crescimento em nossa vida. Pode haver efeitos colaterais positivos nesse medo quando *tentamos* gostar de algo porque achamos que outras pessoas vão nos ver com melhores olhos se fizermos isso. Descobri e vim a gostar de alguns bons livros, músicas e comidas que, de outra forma, eu não teria apreciado, porque alguém a quem eu admirava gostava deles. Gostaria de ser como eles, então experimentei coisas novas, e meu intelecto e divertimento cresceram como consequência.

Mas, como acontece com quase tudo o que é mais importante na vida, há um grande perigo também. Se reprimimos drasticamente o que somos e o que apreciamos para evitar a rejeição, podemos acabar realizando aquilo que mais tememos. Presumindo que as pessoas não vão gostar de nós como somos, e conformando-nos a um modelo diferente, executamos nossa autorrejeição. Suprimindo o que você é, você pode acabar sendo aceito socialmente em um grupo de pessoas com quem você na verdade tem muito pouco em comum, e que não conhece realmente você. Ser aceito, mas não ser realmente conhecido é, pela minha experiência, um isolamento muito mais profundo do que ser quem você é sinceramente e permanecer solitário.

Como então resolver o mistério de querer ser conhecido, mas também aceito?

Em *Os quatro amores*, C. S. Lewis escreve: "Toda amizade deve centrar-se em alguma coisa, mesmo que apenas um interesse por dominó ou ratinhos brancos. Quem não tem nada não pode compartilhar nada; quem não está indo para nenhum lugar não pode ter companheiros de viagem".[1] Isso se mostrou verdadeiro para mim. Algumas de minhas amizades mais preciosas se iniciaram com a faísca inicial da diversão mútua, a revelação de um "prazer inconfessável" e o profundo prazer de descobrir mais alguém que é tão obcecado quanto você.

Jamais me esquecerei de quando percebi que Elena, minha colega de dormitório na faculdade, era uma alma gêmea. Estávamos sentadas sob o toldo molhado de uma grande tenda em um dia de verão escaldante em agosto para uma cerimônia de apresentação para novos estudantes da universidade e seus pais. Enquanto as autoridades trajando roupas estilo profissional informal discorriam monotonamente sobre realizações acadêmicas, taxas de emprego e filiações denominacionais, Elena e eu sussurrávamos em tom de conspiração, por sobre bandejas de salada murchando, para evitar a morte por tédio ou insolação. Foi uma estranha trindade que nos aproximou de início: *Anne de Green Gables*, Christopher Nolan e *O Senhor dos Anéis*. Nós extravasamos. Avaliamos tudo demoradamente. Especulamos.

Assim teve início uma longa amizade baseada em analisar obsessivamente a arte que amamos.

Embora nossa amizade tenha se aprofundado para além da mera apreciação das mesmas coisas, é esse ritmo de gostar, recomendar e analisar em excesso aquilo que ambas amamos que ainda é o prazer central em nosso relacionamento. Gosto de pensar que nosso gosto se aperfeiçoou, mas, se isso realmente aconteceu, foi em grande parte porque juntas gostamos das coisas desavergonhada e absolutamente.

A apreciação nos dá algo sobre o qual construir nossa amizade, algo além de nossa necessidade insondável de conexão. Descobrimos que é mais fácil ser nosso eu mais generoso e prazeroso quando estamos pensando sobre o quanto amamos *Doctor Who* ou observando os pássaros do que quando nos esforçamos ao máximo para sermos pessoas agradáveis. E nossas conexões com os outros serão muito mais profundas se forem baseadas em uma revelação sincera do que amamos na vida, em vez de em uma imagem controlada que apresentamos de nós mesmas para ganhar aprovação.

Lidar com o medo da rejeição admitindo nossas diversões e prazeres na vida pode parecer algo pequeno e insignificante, mas é um início honesto. Uma felicidade construída sobre a base frágil das opiniões de outras pessoas sobre nós está fadada a fracassar. Gostar desavergonhadamente de algo, e até admitir que se gosta, é uma pequena prática de ser quem se é e oferecer isso aos outros como um presente.

Reconhecer do que se gosta e o que se aprecia é um gesto de vulnerabilidade, que estimula a conexão. Quando você exercitar os músculos dessa área, perceberá as outras formas pelas quais você se restringe e, assim, perde a intimidade de ser verdadeiramente conhecido.

Então eu o desafio: conte a alguém o seu verdadeiro prazer inconfessável. Talvez a pessoa apenas diga: "Esse é o meu também!".

O Pequeno Puritano

A segunda coisa que nos impede de desfrutar das coisas não ironicamente é que temos uma suspeita oculta de que sentir prazer, desejo e gostar das coisas seja na verdade ruim.

Vou descrever esse fenômeno como a tirania do Pequeno Puritano.

Estou convencida de que a maioria de nós tem um Pequeno Puritano vivendo dentro da cabeça. Ele nos diz que sua função é nos impedir de pecar. O Pequeno Puritano encara todo prazer como tentação. Ele acha que a maneira mais segura de permanecer moralmente puro é desconfiar cronicamente da própria diversão, felicidade e coração. Então, quando percebemos que estamos gostando de algo (seja um pêssego especialmente doce, uma obra musical fantástica ou um primeiro beijo), ele faz um grande estardalhaço, franze o cenho e resmunga: "Pecador! Tenha cuidado! Você pode se deixar levar!". O Pequeno Puritano é um chato, mas temos medo de nos livrarmos dele, porque queremos realmente ser bons. Às vezes, confessamos silenciosamente para nós mesmos que gostaríamos de poder simplesmente gostar de algo, qualquer coisa, sem aquela vaga nuvem de vergonha pairando por cima de nós. Mas ele está justamente nos mantendo a salvo! Como você ousa questioná-lo?

O Pequeno Puritano acredita que todos os prazeres são inconfessáveis. Você gostou mesmo desse filme? O Pequeno Puritano sugere que você poderia/deveria estar fazendo algo mais produtivo ou espiritual. Você gosta mesmo desses bolinhos? O Pequeno Puritano insinua que você é um glutão. Gosta mesmo desse romance? O Pequeno Puritano lembra-o de que há muita gente morrendo em um país sobre o qual, de outra forma, você nem se importaria, e que você é cruel e indisciplinado no uso do seu tempo.

Todos temos um jeito especial de lidar com o Pequeno Puritano. Algumas pessoas aprendem cedo na vida a trancar o Pequeno Puritano em uma caixa e enterrá-lo em algum canto recôndito do subconsciente, desfrutando ousadamente de prazeres tanto inocentes quanto lascivos, apenas ocasionalmente escutando ecos de seus berros sinistros. Alguns de nós tentam negociar com o Pequeno Puritano ("Na verdade esse prazer é bem inocente, meu bom senhor! E pretendo, com certeza, fazer algo Altruísta e Relevante mais tarde esta noite!"), desfrutando de alguns pequenos prazeres, mas não sem ser levemente desanimado por seu riso de escárnio. Ele vence alguns de nós. Acabamos tentando seguir todas as rigorosas regras do Puritano, só para que ele se cale. Deixamos de desfrutar plenamente de várias coisas, mas pelo menos não nos sentimos sempre cobertos de vergonha.

Isso me lembra de um de meus filmes favoritos: *A festa de Babette*.

Esse filme dinamarquês da década de 1980 acompanha a vida de duas irmãs (Martine e Filippa), filhas de um pastor luterano honesto, mas austero, que leva uma vida rígida e sem prazeres em uma costa árida e remota da Jutlândia. Uma após a outra, elas se apaixonam, mas recusam o pretendente por um senso equivocado de dever e piedade. Justificam essa autoprivação como um triunfo sobre a tentação mundana, mas o arrependimento assombra seus momentos de tranquilidade. Depois que o pai delas morre, elas fazem o possível para cuidar de sua congregação, que definha. Vinda de fora desse cenário de longa desolação que é a vida das duas irmãs, surge Babette, uma refugiada da França. Babette leva vida e beleza ao austero trabalho diário das irmãs — prazeres simples, boa comida, flores na janela. Depois de muitos anos, Babette ganha na loteria e resolve voltar para a França, mas, antes disso, faz um pedido: poder preparar um banquete para as irmãs e seus amigos. Embora cautelosas, elas aceitam.

Babette embarca em uma conspiração extravagante. Envia o sobrinho em uma missão para obter ingredientes especiais — peixes, frutas, vinho e até uma tartaruga. Como a Sabedoria nos Provérbios, ela arruma a mesa com esmero, mistura os vinhos e prepara um banquete diferente de tudo o que os abnegados jutlandeses já haviam visto. As irmãs assistem horrorizadas, tentando decidir se devem se abster das extravagâncias de Babette ou entregar-se ao suntuoso banquete.

Quando chega a noite do banquete, as irmãs e os velhos moradores da vila comparecem, mas concordam secretamente em não falar sobre a comida. Apenas um dos hóspedes aprecia realmente a magnificência do banquete de Babette: Lorens, um general experiente e homem do mundo, antigo pretendente de Martine. A cada prato, ele fica mais incrédulo — os melhores vinhos, os pratos mais suculentos, os ingredientes mais exóticos. Sendo um verdadeiro *connoisseur*, ele aprecia cada detalhe do banquete, cada pedaço cuidadosamente apresentado, e não consegue entender como os convidados ao seu redor parecem decididos a ignorar a obra prima sensual que se desvela diante deles. Eles receberam a pura graça, uma obra de generosidade, que não requer nada deles além da apreciação, mas a tratam como tentação.

Por mais que se esforçassem por ficar sóbrios e indiferentes à beleza e generosidade da mesa de Babette, os convidados começam a experimentar uma transformação. A antiga mesquinhez é questionada e convertida em magnanimidade. Os pecados vergonhosos são confessados e perdoados. O amor é reavivado. Seus maiores esforços de severidade se dissolvem sob o poder extasiante da generosidade de Babette, e a noite termina com todos os convidados se divertindo juntos sob as estrelas. Revela-se que Babette gastou todo o seu dinheiro no banquete, e que ela vai ficar na Jutlândia, no fim das contas. Martine e Filippa se arrependem por não se divertirem, e Martine soluça: "Agora você vai ser pobre pelo resto da vida". Babette responde simplesmente: "Uma artista nunca é pobre". Babette sabia o que as irmãs não sabiam: que o mundo de Deus é uma dádiva de graça, que Deus é o artista que está sempre satisfeito com suas boas obras, e que nós o honramos amando suas boas dádivas e desfrutando delas.

Às vezes me pergunto quão frequentemente somos como os desconfiados jutlandeses, silenciando a voz de Deus porque temos medo de deixá-lo falar conosco em nosso deleite. Deus serviu um banquete para nós no mundo. Ele nos convida a saborearmos seu amor em cada torta de maçã perfeita, a sentirmos nossa alma roçar no infinito no consolo do amor humano, a sermos levados à adoração por meio da música. Em cada generoso prazer, cada dedilhar das cordas do desejo em nosso coração, o Espírito Santo nos murmura sobre a nova criação. Iremos escutar ou lhe daremos as costas com medo?

Então eu o desafio a ter muito prazer nas coisas. Diga ao Pequeno Puritano para dar o fora. Aproveite o banquete.

Como posso desfrutar das coisas quando o mundo está pegando fogo?

Este é o obstáculo final: nós nos sentimos culpados por desfrutar das coisas porque o mundo está se desintegrando.

Isso frequentemente se manifesta em duas formas: a Justiça Social Sádica e o Cético Soturno. Ambos se ressentem da convicção equivocada de que existe uma obrigação moral de "maratonar" o mundo que se incendeia. Acham que é mais adulto, racional, moral e misericordioso assistir às notícias do que ver a adaptação de Megan Follows de *Anne de Green Gables* pela quinquagésima sétima vez, ou, sei lá, fazer um bolo. Não estou totalmente convencida de que seja esse o caso. Principalmente porque, em minha experiência, "maratonar" a monumental catástrofe do mundo resulta em uma de duas coisas, ambas espetacularmente inúteis: transforma-nos em mingau ou nos torna insensíveis. No primeiro caso, você se torna um mingau catatônico de ansiedade e hipervigilância inúteis. Incapaz de tirar os olhos do vasto horror do mundo, você passa a sofrer de uma paralisia moral esclarecida, tornando-se consciente, mas

Deus nos convida a saborearmos seu amor em cada torta de maçã perfeita, a sentirmos nossa alma roçar no infinito no consolo do amor humano, a sermos levados à adoração por meio da música.

imobilizado. É claro que o perigo ainda maior é se tornar insensível, uma pessoa que não se surpreende com nada. Você é cético, sagaz, acostumado à crueldade do mundo. Quando presencia algo doce, você qualifica de ingênuo, brega, meloso ou algum outro epíteto desdenhoso, porque você é esperto demais para acreditar que realmente exista bondade no mundo. Você olhou para o fundo do abismo, e ele olhou de volta para você.

Esses são os dois lados da mesma moeda: impotência.

O mundo é grande demais para que o salvemos, e isso é bastante perturbador. Gostaríamos de poder fazer algo, e fazemos o que podemos em nosso cantinho, mas há uma imensidão nas necessidades e uma profundeza na desolação que não conseguimos, com nossas próprias forças, extinguir. Talvez obtenhamos alguma sensação de realização ao colocar em prática nosso ódio aos inimigos políticos, tuitar com indignação enérgica e bloquear o celular quando faltam quinze minutos para a meia-noite depois de ler outra notícia deprimente. Sentimo-nos como se fôssemos cidadãos participantes e informados. Entretanto, em termos realistas, a quantidade de tempo que gastamos lendo compulsivamente sobre desgraças não é proporcional à nossa contribuição positiva para o bem-estar da sociedade. E, por outro lado, nosso temor catatônico da iminente catástrofe ambiental não torna o mundo melhor, nem nos possibilita sermos úteis ou prestativos ao nosso próximo. Ninguém jamais precisa nos lembrar de que o mundo está destroçado; sabemos isso até a medula dos ossos. O que precisamos é de uma razão para continuar tentando recuperá-lo.

Não estou dizendo que todos devamos enterrar a cabeça na areia e ficar insensíveis ao sofrimento de nossos companheiros humanos. Longe disso! O desejo por integridade e justiça é um dos sentimentos mais naturais, humanitários e honestos que temos. É bom que estejamos preocupados com o bem-estar de nosso mundo e nosso próximo; reconhecer a fragilidade recíproca de nossa existência é o começo de muitas boas ações. Mas em algum lugar nessa boa preocupação, uma mentira prejudicial se insinua. Começamos a pensar que a guerra contra o mal significa contato visual constante com ele. Que precisamos estar constantemente vigilantes, tristes e justamente indignados. Que desfrutar de prazeres inocentes é criminosamente insensível, cruel, escapista. Que não é moralmente lícito gostar de nada até que o mundo seja completamente justo, inteiro e correto.

Vamos explorar essa ideia.

Vamos imaginar que você consiga abdicar do vício de ficar assistindo às tragédias, que você apague todos os seus perfis nas redes sociais, que renuncie à impotência de assistir às catástrofes e que se devote completamente à erradicação de algum mal no mundo. Você está decidido, em suma, a não desfrutar de quaisquer das alegrias simples até que todas as pessoas na Terra possam desfrutar das alegrias simples. Você encontra diversos problemas. Primeiro, você não consegue estar sempre salvando o mundo; é uma impossibilidade prática estar sempre salvando o mundo. De vez em quando você precisa dormir ou comer (veja o capítulo anterior). E há muitos momentos prosaicos mesmo na mais nobre das profissões, muitos momentos de espera vazia, longas pausas entre grandes explosões de atividade. O que você vai fazer nesses intervalos? Ficar olhando para a parede e contemplando seu privilégio? Ler mais outro artigo deprimente? Será que alguma dessas alternativas realmente beneficia as pessoas ao seu redor? Eu diria que você seria extremamente entediante em festas, mas é claro que você provavelmente não iria a festas, então não adiantaria nada dizer isso. Meu argumento é que até uma vida marcada pela constante busca da justiça apresentará de vez em quando momentos vagos que podem ser preenchidos com prazeres inocentes, o que elevará sua felicidade e a daqueles ao seu redor. Assista a *Anne de Green Gables*. É muito bom.

Mas acho que podemos ir além.

Há uma falta de equilíbrio em uma vida cujo único objetivo é a destruição do mal. Nosso horror à injustiça e ao sofrimento acena para a sensação intuitiva de que a vida foi feita para ser boa, desfrutada e não vivida em desespero. Nós sofremos com a fome porque as pessoas deveriam ter boa comida, não porque boa comida seja ruim. Choramos com aqueles que choram porque desejamos que algum dia eles sejam capazes de rir de novo. Concentrarmo-nos na devastação e perversidade do mundo coloca no centro de nosso mundo moral não a justiça, a bondade e a verdade, mas a injustiça, o sofrimento e a incredulidade. Jack Gilbert observa, indo direto ao ponto: "Fazer da injustiça a única medida de nossa atenção é louvar ao diabo".[2]

C. S. Lewis fornece alguns conselhos muito úteis sobre isso em seu excelente pequeno sermão "Aprendizado em tempo de guerra":

> Talvez tenhamos o dever de resgatar uma pessoa que está se afogando, e talvez, se moramos em uma costa perigosa, de aprender técnicas de salvamento para estarmos prontos para qualquer afogamento quando acontecer. Talvez seja nosso dever perder nossa própria vida para salvar o outro. Mas se alguém se dedicou a salvar vidas no sentido de dispensar a isso toda a sua atenção — a ponto de não pensar nem falar de nada mais, e exigiu que todas as outras atividades humanas cessassem até todos terem aprendido a nadar — essa pessoa seria monomaníaca. O resgate da pessoa

> que se afoga é, então, um dever pelo qual vale a pena morrer, mas não vale a pena viver.[3]

Em todos os nossos esforços para salvar o mundo, é fácil perder de vista o fato de que este é um mundo que vale a pena salvar. É um mundo com *Pad Thai*, primeiros beijos e cachorrinhos minúsculos e perfeitos. É um mundo com campos de narcisos na primavera e perfeição cristalina no inverno. É um mundo com a alegria desenfreada de uma criança que aprendeu a contar uma piada. É um mundo que não precisava existir, mas existe e é inexplicavelmente maravilhoso. Estou convencida de que a alegria e bondade do mundo são mais importantes do que sua desolação. Só quando estamos atentos à dádiva extravagante e desnecessária que ele é podemos estar plenamente estimulados a protegê-lo. Devemos lutar por justiça, pelos outros e por nós mesmos, porque queremos que todos tenham uma vida bela e tranquila.

A ideia de que, apesar de todas as provas em contrário, a bondade, a luz e a beleza são mais importantes do que o mal, a doença e a dor que tentam destruí-las é o tema que perpassa *O Senhor dos Anéis*. *O Retorno do Rei* é um livro desesperado, sempre no limiar da derrota; ainda assim, é atravessado pela convicção de que a bondade vence o mal no fim. A seguinte cena ocorre durante os momentos mais desesperados da passagem de Sam e Frodo por Mordor, enquanto se aproximam do que certamente será sua morte. Entretanto, mesmo nessa longa derrota, há esperança:

> Lá, espiando por entre os restos de nuvens acima de um rochedo sombrio no alto das montanhas, Sam viu uma estrela branca cintilar por algum tempo. A beleza dela atingiu-lhe o coração, ao erguer os olhos da terra abandonada, e a esperança lhe retornou.

Pois, como um raio, claro e gelado, invadiu-o o pensamento de que, no fim, a Sombra era apenas uma coisa pequena e passageira: havia uma luz e beleza superior que estavam eternamente fora do alcance dela.[4]

Há uma cena no filme *O Senhor dos Anéis* de Peter Jackson tão maravilhosa que eu perdoo o fato de ela não estar nos livros. Sam e Frodo estão se arrastando pelas profundezas de Mordor, morrendo de sede, famintos e exaustos. Extenuados por meses de viagem e pela influência negativa do Anel, Frodo está atormentado pelo desespero. Parece que não irão conseguir ir em frente. Sam diz a Frodo:

— Lembra-se do Condado, sr. Frodo? Logo será primavera. E os pomares florescerão. E os pássaros farão seus ninhos na aveleira. E semearão a cevada de verão nos campos baixos... e comerão os primeiros morangos com creme. Lembra-se do gosto dos morangos?

Frodo não consegue se lembrar dos morangos, nem da primavera. O escuro se agarra a ele, e ele não consegue enxergar à frente. Mas algo em Sam se fortalece.

— Então vamos nos livrar dele... de uma vez por todas! Vamos, sr. Frodo. Não posso carregar o Anel pelo senhor... mas posso carregar o senhor![5]

Não é nenhum grande argumento intelectual que dá a Sam forças para subir a montanha. Não é nenhuma grande convicção moral que lhe dá forças para carregar Frodo. A lembrança de um prazer simples e uma alegria elementar abre a densa fumaça do desespero de Mordor e lembra a Sam que existe doçura, bondade e inocência, uma vida pela qual vale a pena lutar.

Quando eu era mais jovem e menos maltratada pelo mundo, costumava pensar que as palavras de Paulo aos filipenses eram um tipo de escapismo autorizado: "Concentrem-se em tudo que é verdadeiro, tudo que é nobre, tudo que é correto, tudo que é puro, tudo que é amável e tudo que é admirável. Pensem no que é excelente e digno de louvor" (Fp 4.8). Agora que sou mais velha, compreendo que não preciso ser lembrada de que o mundo é sombrio e difícil; estou bem consciente disso, e muito cansada. O que necessito é de uma visão da bondade tão brilhante que ilumine o caminho à minha frente, mantenha-me fiel e faça-me corajosa. Então desfrute das coisas plenamente, porque a lembrança dos morangos pode lhe dar a força de que você necessita para derrotar Sauron.

Meu prazer inconfessável

Supostamente este capítulo era sobre prazeres inconfessáveis.

Então deixe-me confessar o meu mais recente: BTS.

Para as desventuradas almas entre vocês para quem essas três letras não dizem nada, deixem-me esclarecer. O BTS é um grupo composto por sete garotos coreanos com um penteado perfeito. As três letras correspondem a uma frase coreana que, quando traduzida, significa "Escoteiros à Prova de Balas", o que é *tão carinhosamente adorável*. Eles são, como uma de minhas amigas diria, "Maior Alegria"; seus espetáculos são uma descarga de adrenalina vestida em alta costura pastel, com um coração acelerado de alegria de estar vivo. A verdadeira experiência BTS não é apenas escutar, mas assistir; sua habilidade de representar, dançar e seu estilo são notáveis. Ah, o talento! A alegria! Como você consegue assistir e não ficar feliz de viver no mesmo planeta?

E o melhor de tudo? Sua óbvia amizade e celebração uns dos outros.

Ora, por que sou tentada a encarar minha apreciação desse grupo como "prazer inconfessável"? Bem, talvez eu tenha medo do que as pessoas iriam pensar de mim. Sou escritora, acadêmica! Tenho uma reputação a zelar! Será que essa preferência poderia me separar de meus colegas, fazer com que eu parecesse tola e pouco séria?

Respondo, primeiro, que nunca vi um grupo de pessoas tão sérias em sua arte e, segundo, que o BTS me serviu como base para formar amizades. Depois de confessar esse prazer a um amigo, ele exclamou, cheio de entusiasmo: "Você sabia que um dos álbuns deles é baseado nos arquétipos junguianos?". Como esse é um tema em que ambos estamos interessados, isso deu início a um profundo mergulho no álbum em questão e a conjeturas sobre se eles haviam lido fontes primárias ou secundárias. Nunca se sabe que boas conversas e diversões compartilhadas um prazer inconfessável confessado pode possibilitar!

Talvez o Pequeno Puritano me dissesse que o BTS é realmente um prazer inconfessável; na melhor das hipóteses, uma frívola perda de tempo e, na pior, uma celebração mundana do hedonismo e materialismo.

Ao Pequeno Puritano eu responderia que assistir ao BTS me lembra de que Deus não precisava criar o mundo, e que ele não precisava criar um lugar onde harmonias e melodias fariam nosso coração se sentir como se fosse pular fora do peito, ou onde nosso corpo pudesse sincronizar com a profunda expressão física de emoção que a dança proporciona, mas Deus fez isso. É um mundo maravilhoso de se viver, e o Senhor fez algo de bom quando criou tanto a música quanto os membros do BTS.

Em um esforço desesperado, minha própria consciência pergunta: tudo bem gostar do grupo coreano de garotos BTS quando o mundo está para ser engolfado em chamas, em termos tanto literais quanto metafóricos? Quando vejo o BTS dançar, lembro-me de que nós humanos fomos feitos para muito mais do que dor, desespero e raiva. Somos capazes de perfeição disciplinada, sim, e também de alegria absoluta e indescritível. Assistir ao BTS gloriosamente ao vivo em seu talento me lembra das palavras de Jesus: "Eu vim para lhes dar vida, uma vida plena, que satisfaz" (Jo 10.10). No trabalho árduo da vida comum, é difícil imaginar o que isso possa significar, mas a energia pura e feliz do BTS é um pequeno símbolo da "Maior Alegria" para a qual fomos feitos.

É um morango na Montanha da Perdição.

Então, no fim, aqui está meu veredito sobre o prazer de assistir ao BTS: inocente.

Agora que tiramos tudo isso do caminho, me conte: qual é o seu prazer inconfessável?

Para ler

"Aprendizado em tempos de guerra", de C. S. Lewis

Para ver

A festa de Babette (1987)

Para escutar

"Dynamite", do BTS
"Sincerity is Scary", de The 1975

Para refletir

Escolhi essas obras artísticas para ajudá-lo a se sentir menos culpado ao se divertir. O ensaio de Lewis nos diz que gostar das coisas mesmo quando o mundo está se estilhaçando é essencialmente humano, *A festa de Babette* nos lembra de que o desejo é simplesmente divino, e o BTS nos mostra que vale a pena gostar da vida.

O que impede você de gostar das coisas? Escolha algo que você sabe que é um prazer inocente. Desfrute disso plenamente, e então compartilhe essa alegria com mais alguém.

Quais são os seus "morangos" metafóricos na Montanha da Perdição? Faça algo hoje que o lembre da "luz e beleza superior" no coração da realidade.

5

Conte a si mesmo uma boa história

Só posso responder à pergunta: "O que devo fazer?" se puder responder à pergunta anterior: "De que história ou histórias eu faço parte?".

Alasdair MacIntyre, *Depois da virtude*

— Você deve dar pelo menos mais três mordidas — eu disse, tentando soar impositiva.

Lilian, minha sobrinha de dois anos, ponderou sobre essa exigência, fitando contemplativamente em seu prato um mosaico de arroz laranja, sementes de romã e queijo. Era visível que ela estava refletindo com cuidado sobre a questão. Depois de alguns instantes, ela escolheu uma, exatamente uma, semente de romã e colocou-a na boca.

— Suponho que isso conte como uma mordida — falei, mais para mim mesma do que para Lilian —, mas vejo agora que deveria ter sido mais específica.

Eu estava fazendo quarentena na casa de minha irmã Sarah ao voltar ao Reino Unido durante a pandemia. Foi um daqueles momentos em que as inevitáveis inconveniências da vida nos trazem um presente: duas semanas perfeitas totalmente dedicadas a ser irmã e tia. Deixei de lado as correções finais de minha tese de doutorado, que eu sabia que logo iriam me sobrecarregar. Assamos muitos biscoitos, assistimos a minisséries na BBC e conversamos sobre absolutamente tudo. Entre minhas motivações mais puras, um de meus objetivos em ficar lá era me fixar como uma tia querida na lembrança da sobrinha que carrega o meu nome. Conquistar uma criança de dois anos, todavia, não é missão para os fracos. É preciso ser uma fonte infindável de entretenimento, pronta a se transformar em "cavalinho" a qualquer instante, e possuir uma forte intuição para traduzir quaisquer experimentos envolvendo a matéria-prima da língua. Naquele momento em particular, eu estava sentada junto com Lilian enquanto meu sobrinho cochilava, tentando prolongar o almoço tanto quanto possível a fim de proporcionar para minha irmã uns poucos e preciosos minutos sozinha. O objetivo de prolongar o almoço foi frustrado pelo fato de que Lilian simplesmente não parecia interessada em comer.

De repente, tive uma ideia.

— Quer que lhe conte uma história, Lilian?

Ela fez que sim com um movimento lateral da cabeça e um som de aprovação. Lilian tem uma tendência a responder de modo afirmativo mesmo quando não está bem certa do que a pergunta significa; ela gosta de parecer que está entendendo. Aproveitei esse impulso e me lancei à primeira história em que pude pensar: *Cinderela*.

— Era uma vez — comecei, enquanto Lilian escolhia um grão solitário de arroz para comer.

Revisei e aperfeiçoei a história à medida que falava, ampliando o papel dos ratinhos que eram amigos de Cinderela e, sofrendo uma pontada de culpa feminista em relação à escolha da história, enfatizando que as cinzas jamais conseguiriam esconder a beleza de um bom coração. Lilian escutou, aparentemente satisfeita, ocasionalmente se dignando a comer outra porção de arroz. Vi-me em dificuldades para transformar aquela em uma história moral sobre como o caráter importa mais do que a aparência e para explicar o que vem a ser uma fada madrinha, o que Lilian pareceu aceitar com tranquilidade. Enquanto eu prosseguia, a história começou a ganhar velocidade, e comecei a sentir em mim mesma o ritmo de suas tensões e resoluções, seus momentos de revelação e desvelamento, suas delícias de conto de fadas, sua maravilhosa estranheza. Quando cheguei ao "e eles viveram felizes para sempre", senti-me satisfeita, como tia e como contadora de histórias.

Fez-se um instante de silêncio. Lilian espetou com o indicador a fatia de queijo Port Salut no prato, piscou com uma expressão sugestiva e pediu:

— Mai? (Tradução: mais).

Quando uma criança de dois anos está calma, feliz e comendo alimentos saudáveis, buscamos prolongar esse estado tanto quanto possível. Então eu continuei. Depois de mais alguns contos de fadas, decidi tentar algumas histórias da Bíblia e de heróis da igreja. Contei a ela sobre Francisco de Assis pregando aos pássaros, contos pitorescos dos Pais do Deserto, Balaão e a jumenta falante, Maria e seu belo hino. Contei uma história atrás da outra. O silêncio atípico dela era interrompido pelas interjeições de "Mai?". Acabei chegando ao ponto de desespero, pois já havia contado todas as histórias em que conseguia pensar (até uma parte de *O Senhor dos Anéis*!). Então tive outra ideia.

— Era uma vez uma menininha chamada Lilian — comecei.

Os olhos dela se arregalaram de surpresa.

— Ua ninia lili?

— Sim — confirmei. — Uma menininha chamada Lilian. Ela morava em uma casa perto da bela aldeia de Downs, e um dia ela encontrou um coelhinho que precisava da ajuda dela...

A história me veio naturalmente, como uma bela canção que eu sempre amara, mas não cantava havia muito tempo. Em um poço profundo do subconsciente, bem ali onde todas as histórias de Beatrix Potter e Brambley Hedge estavam enterradas, encontrei um rei coelho, uma patinha ferida e um banquete de vinho de dente-de-leão e tortas de amora silvestre sob a montanha nos salões da coelheira. Lilian escutou, imóvel, com uma atenção mais aguçada do que nunca. Quando cheguei ao final, ela ficou em silêncio por um instante.

— Ninia lili? — indagou, só para ter certeza.

— Sim. Uma menininha chamada Lilian. Igualzinha a você — respondi.

— E mama? E papa? E Sa?

Um sorriso radiante se estampou em seu rosto. Uma história onde pessoas de verdade viviam, suas pessoas. Essa ideia era maravilhosa demais para Lilian; ela nem conseguia mais comer. Mas, para a surpresa dela, e meu encanto, quarenta minutos haviam se passado, e o prato dela estava limpo. (Bem, quase). Um sucesso, sem dúvida alguma!

Assim começou um ritual cultivado entre "Lili" e eu: histórias divertidas, felizes. Lilian desenvolveu um apetite por histórias tão voraz quanto sua apreciação pelo queijo (ela é bem a sobrinha da titia, com certeza). Ao final das refeições, olhava para mim, cheia de expectativa:

— Toia feliz divetida? — ela pedia, e eu as contava até estar quase morta.

De certas histórias ela gostava mais do que de outras, mas havia algo de especialmente maravilhoso nas "histórias de Lili". Quando eu as contava, me via visitando algumas de minhas primeiras e mais nebulosas lembranças. Eu tinha forte asma quando criança, e todas as noites minha mãe me preparava um banho quente e se sentava comigo em meio ao vapor me contando "histórias de Joy" até que a umidade desbloqueasse meus pulmões e eu pudesse respirar de novo. Talvez seja por isso que histórias sempre pareceram como oxigênio para mim. E enquanto eu contava uma história após a outra para essa sobrinha que eu amo, fiquei pensando que talvez todos precisemos que alguém que nos ama nos conte histórias para dar vida à nossa alma.

Certo dia durante a quarentena, Lilian entrou na sala de estar segurando um cartão com um retrato nele.

— Quem essa, mama? — ela perguntou, apresentando o cartão para minha irmã. Sarah pegou Lilian no colo e segurou o cartão postal nas mãos, para que as duas pudessem examiná-lo juntas. Era um cartão de Natal de Gwennie, a melhor amiga de minha mãe. Gwennie era um dos personagens importantes da história que eu inventara. Embora não fosse parente sanguínea, desde que consigo me lembrar ela faz parte da árvore de nossa família. É difícil dizer o quanto ela significa para mim. Ela nos visitava todos os anos logo antes do Ano Novo para um "Natal com Gwennie", e eu ficava na casa dela quando minha mãe viajava para dar conferências em simpósios. Ela fazia parte de nossa família por escolha, e era quase inconcebível que Lilian não a reconhecesse imediatamente. Mas, é claro, Lilian estava

Talvez todos precisemos que alguém que nos ama nos conte histórias para dar vida à nossa alma.

neste planeta havia apenas dois anos, e um deles fora durante a pandemia, quando Gwennie estava do outro lado do oceano.

Sarah passou o dedo carinhosamente sobre o rosto amado.

— Esta é Gwennie. Ela é das nossas. Nós a amamos.

Esse breve momento me cortou a respiração. Era a narração de histórias se tornando realidade. Sarah estava ajudando Lilian a entender a história em que ela estava vivendo, apresentando-a a um de seus melhores personagens. Para Lilian aquilo era totalmente natural e confortante. Lilian aceitou com tanto entusiasmo como quando lhe contei sobre fadas madrinhas, reis coelhinhos e jumentas falantes. Aquela era outra "História de Lili", e ela estava interessada em saber mais.

— Era uma vez uma menininha chamada Lilian. Ela morava numa casa nas montanhas. Ela era muito amada por mama e papa, pela vovó e o vovô e todas as suas tias e tios. E Gwennie a ama também.

Que ótima história!

A *sitcom* da vida

Recentemente, ocorreu-me que gosto de histórias com a mesma frequência com que gosto de comer (ou seja, com muita constância! Tanto comida quanto histórias são ótimas!). Em minha mesa de cabeceira, há uma pilha bagunçada de livros: um romance (uma releitura), uma coleção de contos (fascinante!), um livro de viagens (gênero que recentemente descobri que adoro) e a Bíblia. Quando não consigo dormir (frequentemente), pego um livro e leio até os olhos ficarem cansados. Tenho dois audiobooks tocando a qualquer momento. E as séries da Netflix. Nesse exato instante estou assistindo a um drama jurídico, mas nem sempre sou tão sofisticada; em geral assisto a algo que me faça rir, algo sobre alguma jovem heroína corajosa vencendo obstáculos e encontrando o romance e/ou o sucesso literário (sim, estou plenamente consciente de que isso é uma projeção dos meus próprios desejos). Devoro histórias de modo um tanto compulsivo, mas acho que essa é uma compulsão que outras pessoas compartilham, pelo menos em alguma extensão.

Do noticiário à Netflix e aos romances, cercamo-nos de histórias.

E as contamos, também.

Talvez você não ache que é um contador de histórias, mas quando alguém lhe pergunta "Como vai você?", todos nós começamos instintivamente a fabricar uma história. Geralmente não fazemos uma programação listando ponto a ponto os acontecimentos e resultados; contamos a história de nosso dia, enfiando cada acontecimento ao longo de uma linha temporal, cada momento de suspense, tensão, resolução, humor ou entusiasmo sendo outra pérola no fio. Como um exemplo especialmente marcante disso, sempre penso em uma amiga minha na pós-graduação que descrevia sua vida como uma série *sitcom*. Eu retornava para meu dormitório (que eu raramente trancava) e a encontrava sentada em minha cadeira estofada abrigada com meu cobertor de crochê.

— Você não vai acreditar no que aconteceu hoje na *sitcom*.

Seguia-se inevitavelmente uma descrição fascinante de seu dia contada como uma comédia de situação absurda com lógica existencial típica dos vinte e poucos anos. Chamávamos os personagens principais de "gato da lanchonete", "gerente autoritário", "o atraente lorde escocês". Quando a célebre vilã aparecia, eu balançava a cabeça com ar de quem estava entendendo tudo e resmungava: "Ai, *ela*, de novo!", e quando havia uma nova atualização na contínua saga de amor com o gato da lanchonete que nem sabia que ela existia, eu ficava ofegante em expectativa.

Não moramos mais no mesmo lugar, mas a *sitcom* continua. Quando conversamos pelo FaceTime e descobrimos que algo especialmente ridículo aconteceu com qualquer uma de nós (algo que é bem frequente), nós olhamos para o teto com cara de que entendemos tudo e dizemos: "Os escritores da *sitcom* realmente saíram dos trilhos este ano".

As histórias que contamos sobre nosso dia a dia se tornaram as histórias que contamos sobre nossas vidas. Desenvolvemos um hábito de contar histórias que cria um clima, um etos, um filtro de Instagram instalado sobre como vemos nossa vida e como convidamos os outros a nos ver.

Tenho dois amigos que adquiriram o hábito de contar a si mesmos histórias muito diferentes.

Uma delas leva uma vida concretamente difícil. Seus pais se divorciaram quando ela era pequena, e ela cresceu sendo jogada de um progenitor para o outro, um deles instável e narcisista e o outro sofria demais para saber o que fazer com a filha. Seus anos de infância foram atormentados pela perda e o trauma — mortes prematuras, acidentes de carro, crueldade e doenças. Apesar disso, de algum modo, ela diz que teve sorte. Por ter encontrado Jesus. Por ter se apaixonado por um homem bom. Por ter criado dois belos filhos. Há não muito tempo, ela foi diagnosticada com câncer terminal. Sentei-me com ela na sala de estar de sua casa e choramos juntas diante de uma xícara de chá. Mas, de algum modo, mesmo que estivesse cara a cara com a morte, ela ainda via sua história como boa.

Meu outro amigo, pelo menos para quem vê de fora, tem a vida que muitos sonham ter. Os pais amam um ao outro e o amam. A família leva uma boa vida financeiramente. Ele é bem-sucedido e atraente, mas, em algum momento da vida, adquiriu o hábito de contar a si mesmo uma história trágica de ser solitário, responsável e desprezado. As pessoas precisam dele, mas não o veem; ele precisa lutar para ir em frente sem pedir ajuda. Ele é muito infeliz. Embora sua vida aparente ser cada vez mais bem-sucedida, bela, cheia de amor, ele conta sua história como sendo de gradual e completa solidão.

Com esses dois amigos tenho a distinta sensação de que as histórias que eles contam a si mesmos e aos outros sobre sua vida não são, rigorosamente falando, a pura verdade. A primeira amiga morreu recentemente e, quando morreu, uma parte de mim não conseguia aceitar sua versão da história; não era justo que alguém tão boa e bela pudesse ser tratada pela vida de modo tão injusto tantas vezes. Senti raiva por ela pelo fato de ela haver sobrevivido a uma infância difícil e acabar sendo levada tão jovem pelo câncer. Ainda assim, quem era eu para questionar sua experiência? Dizer-lhe que sua história não era nada boa? Será que eu iria querer tirar dela uma história boa quando tantas outras coisas já lhe haviam sido tiradas? Em relação ao segundo amigo, eu me sentia dividida. Ele não estava delirando; eu via os instantes que o levavam a uma perspectiva tão sombria. Mas via também que os contornos da vida dele eram mais generosos e agradáveis do que ele se permitia ver. Que ele era amado e bem-afortunado.

Não era que as histórias que eles se contavam não fossem verdadeiras; cada um deles simplesmente escolhia acentuar alguns aspectos nas histórias que contavam, colocar um filtro sobre certas lembranças, ver alguns aspectos mais claramente, colocar alguns aspectos completamente fora da visão.

As histórias que contamos não são objetivas; elas transformam nossas experiências em "algo", inclinando-nos a notar algumas coisas e filtrar outras para deixá-las de fora. O modo como contamos nossa história dá a nossas experiências uma atmosfera particular, faz-nos pensar em nós mesmos como tipos específicos de pessoas. Contamos a nós mesmos histórias para dar a nossos dias, nossos anos e nossa vida um arco narrativo. A narrativa nos ajuda a reunir as experiências distintas de nossa vida em um todo coerente. Histórias dizem respeito ao sentido, ajudando-nos a encaixar momentos específicos no contexto de nossas outras experiências, para que possamos entendê-las. Histórias nos dão uma noção de por que as coisas aconteceram, e do que pode acontecer no futuro. Histórias nos ajudam a saber como agir no mundo, o que fazer e do que ter medo.

Pense nisso desta forma: imagine se, em vez de contar a Lilian que Gwennie é das nossas e que nós a amamos, Sarah tivesse dito: "Gwennie é nossa inimiga; temos medo dela". Fazendo parte dessa história, Lilian interpretaria sua experiência sobre Gwennie de forma diferente. Enquanto a boa história a levaria a buscar por provas da amabilidade de Gwennie, a segunda história a levaria a encarar Gwennie com desconfiança, a ver suas gentilezas como manipulação, quaisquer silêncios ambíguos como sinais de má intenção. Gwennie continuaria sendo tão tranquilamente maravilhosa como sempre, mas Lilian não a sentiria dessa forma. E isso seria uma verdadeira perda. Ainda assim, muitos de nós experimentamos uma perda semelhante ficando presos a uma história ruim que contamos a nós mesmos repetidas vezes.

Sei disso porque às vezes conto a mim mesma uma história de solidão.

Comecei a contar essa história a mim mesma em uma temporada estressante, quando a vida me chamou a trabalhar duro, cuidar de mim mesma e de outros. Devido a uma combinação de circunstâncias e personalidade, aprendi a sobreviver por algum tempo criando uma história em que eu era a amiga responsável e negligenciada. E essa era uma história verdadeira durante um tempo, mas esse foi apenas um livro na série de minha vida. Deixando-a cristalizar em uma perspectiva permanente, deixei que minha história fraca, cansada, cinzenta me transformasse em alguém muito menos útil para as pessoas por quem eu imaginava estar me sacrificando. Eu não conseguia ver a generosidade dos outros, porque minha história havia me treinado a ver apenas a necessidade deles. Não conseguia vivenciar a alegria da estabilidade e apoio relativos, porque havia me treinado a ver a vida como uma situação com a qual era preciso lidar.

Muitos de nós experimentamos uma perda semelhante ficando presos a uma história ruim que contamos a nós mesmos repetidas vezes.

As histórias negativas que contamos a nós mesmos são especialmente poderosas, porque servem a um propósito: elas nos mantêm a salvo. As histórias negativas nos mantêm vigilantes; ensinam-nos a ver o sinal vermelho, a antecipar a perda, a ensaiar a tragédia. Mesmo que elas lancem um filtro cinzento amortecedor sobre nossa vida, o soco no estômago de pensar que você está em uma história boa e feliz — e de repente perceber, de forma chocante, que não está — é tão doloroso que preferimos controlar nossas expectativas e contar uma história menos bela desde o início.

Mas o problema com essas histórias é que elas não cumprem suas promessas. Elas não impedem que as coisas ruins aconteçam e não nos deixam ficar gratos pelas coisas boas. Histórias ruins treinam nossos olhos para procurar a perda, ensaiar tragédias e, nesse processo, começamos a sentir falta da frágil dádiva de estar vivo. Não queremos encarar a realidade de que não temos controle sobre a vida; a chuva cai sobre os justos e os ímpios; o câncer atinge os bondosos e os cruéis; uma graça imensurável visita aqueles que a notam e aqueles que a desprezam.

O que fazemos com essas redes emaranhadas das vidas que vivemos?

Como criamos uma boa história em vez de tecer nossa própria ilusão?

Tornar-se um bom contador de histórias

Recentemente me apaixonei por um livro chamado *Piranesi*, de Susanna Clarke. Ele me mostrou que é possível ser protegido pelas boas histórias que contamos a nós mesmos, tanto quanto pelas ruins. Não quero revelar nada, pois gostaria que todos o lessem, mas basta dizer que trata de dois personagens que vivem no mesmo mundo. Um deles conta a si mesmo uma bela história, uma história em que ele é amado e o mundo natural é um testemunho constante desse amor. Em resultado de uma história que ele conta a si mesmo, ele sobrevive a circunstâncias em que outros não conseguem sobreviver.

Gostaria de contar minha história como Piranesi.

Aprender a contar uma boa história é uma das habilidades na vida em que eu gostaria de ser boa. Venho tentando há algum tempo, e isto foi o que aprendi.

Primeiro: aprendi a ter consciência de que *estou* contando uma história sobre a vida, e a ter consciência de que ela pode não ser verdadeira. Somos contadores de histórias tão bons, você e eu, que passamos a acreditar em nossas próprias histórias, e então representamos obedientemente os papéis em que escalamos a nós mesmos. Se você se vê vivendo a mesma história repetidas vezes, comece a se perguntar: *Será que essa história terá realmente o desfecho inevitável que eu imagino que terá, ou será que contei essa história para mim mesmo tantas vezes que a estou encenando instintivamente, transformando-a em verdade para que pelo menos minha vida faça sentido? Será que as pessoas realmente se esquecem de mim e me rejeitam? Ou será que encenei essa história tantas vezes que vejo toda ação como prova da indiferença dos outros?*

Segundo: tento contar a mim mesma uma boa história. Não quero dizer contar uma história em que nada de ruim acontece; quero dizer que tento ver a mim mesma como um personagem que encara as dificuldades da vida com bravura, perspicácia e perseverança. A vida requer gêneros diferentes para períodos diferentes. Às vezes, sou Anne de Green Gables, a heroína destemida, enfrentando cada desafio de um jeito franco e desajeitado, olhos aguçados para a generosa beleza da vida, superando os embaraços pessoais e tateando seu caminho rumo ao romance. Às vezes sou Harriet Vane, a escritora cética aprendendo com dificuldade a lidar com a ternura e a vulnerabilidade enquanto "arrasa" profissionalmente. Às vezes sou Aragorn, carregando uma dor nobre, lutando comigo mesma todas as manhãs para não ser consumida pelas perdas de minha vida, mas para doar minha vida em prol da cura de outros.

Histórias ainda são como oxigênio para mim.

Não tenho mais ataques de asma com tanta frequência como quando era pequena, mas ainda há momentos em que a vida me torna difícil respirar, quando sinto uma pressão no peito e o desespero faz minha cabeça girar e os olhos ficarem cansados. Ter histórias em meu coração que me ajudam a imaginar como enfrentar as frustrações, mágoas e desafios da vida é como o rápido alívio de um inalador. Quando parece impossível contar uma boa história, recorro às minhas estantes de livros, minha Bíblia, aos heróis da fé, às pessoas em minha vida que viveram uma boa história apesar de tudo o que a vida lhes lançou no caminho ou lhes tirou.

Mas há outro alívio: saber que não sou a única contadora da minha história. Lembro-me que, antes de contar minha própria história, ela me foi contada, exatamente como as histórias que conto a Lilian. Contar histórias a nós mesmos é importante, mas às vezes perdemos o fio da meada. Precisamos de alguém que nos ame para nos abraçar e nos contar a boa história de que fazemos parte. Há uma passagem do livro *Corra com os cavalos*, de Eugene Peterson, a que eu me apego quando acho difícil contar minha própria história:

> Entramos em um mundo que não criamos. Crescemos dentro de uma vida já fornecida a nós. Chegamos a um sistema complexo de relacionamentos com outras vontades e destinos que já está em plena operação antes de sermos introduzidos. Se vamos viver de modo adequado, precisamos ter consciência de que *estamos vivendo no meio de uma história que foi iniciada e será concluída por outro.*[1]

Quando Sarah apontou para o rosto amado de Gwennie e falou "Ela é uma das nossas", ela estava apresentando Lilian às "outras vontades e destinos" que moldavam o mundo narrativo no qual ela vivia. Mas, à medida que Lilian crescer, também aprenderá a história maior, a história que, como cristãos, cremos ser mais fundamentalmente verdadeira sobre nossa vida, quer ela se encerre com câncer ou martírio, quer em idade avançada cercados por pessoas a quem amamos. Estamos envolvidos em uma história de um Deus que está renovando todas as coisas. Quando minha história parece desconjuntada, quando perco a voz e não consigo contá-la, retorno à história que Deus conta sobre mim.

A história mais verdadeira

Espero que alguém o pegue no colo e lhe conte histórias verdadeiras, mas, caso não o façam, quero lhe contar a história mais verdadeira sobre você.

Era uma vez um Deus que moldou galáxias, montanhas e narcisos, e criou você, costurando-o com cuidado e prazer. Ele não o criou porque precisasse de você, mas simplesmente porque ele é amor e o amor cria coisas belas. Ele o criou à sua imagem, para amar, escolher e criar coisas belas.

Deus sabia que você não seria perfeito, pelo menos não ainda, mas, antes que você pecasse, fosse bem-sucedido, fracassasse, fosse interessante, entediante ou bonito, Deus gostava de você, pensava em você, desejava-lhe boas coisas. Deus tem seu nome escrito na palma das mãos. Deus nunca se esquece de você. Deus está sempre pensando em como pode ajudá-lo, redimi-lo, resgatá-lo. Deus nunca deixará que a mágoa, a raiva, os maus-tratos, o pecado ou a desolação tenham a palavra final na sua história.

Deus o ama tanto que entrou neste mundo de histórias estilhaçadas. Ele deixou que sua cabeça se curvasse em sofrimento, sustentou o peso dos pecados que não cometeu, engoliu a morte em seu ser infinito para que a morte, o pecado e a dor nunca tivessem a palavra final. Com sua vida, morte e ressurreição, ele começou a contar uma nova história sobre o mundo. Você entra nessa história no batismo; você se torna um pequeno Cristo, morrendo e ressuscitando, levando o próprio mundo para a boa história de Jesus.

Você é a obra-prima de Deus (Ef 2.10), seu belo poema. Todos os dias, enquanto aprende a andar na retidão e na verdade, a boa obra que é você chega cada vez mais perto da completude (Fp 1.6). Deus fica muito orgulhoso de cada passo que você dá em frente e não se surpreende quando você tropeça. Ele lhe deu o Espírito Santo para lembrá-lo do amor que dedica a você, a fim de lhe dar forças para viver uma vida corajosa. Deus está sempre com você, até o fim dos tempos (Mt 28.20).

Quero lhe contar a história mais verdadeira sobre você.

E, no fim de tudo, Deus enxugará toda lágrima de seus olhos e dos meus (Ap 21.4) e lhe dirá: "'Muito bem, meu servo bom e fiel" (Mt 25.23). Compartilharemos do banquete à bela mesa do Rei e seremos envolvidos pelo amor eterno, sempre novo, de Deus.

Que boa história!

Para ler

"Sobre histórias de fadas", de J. R. R. Tolkien

Para ver

Mais estranho que a ficção (2006), com Will Ferrell e Emma Thompson

Para escutar

"On the Radio", de Regina Spektor

Para refletir

Essas obras de arte tratam do poder essencial da história de moldar nossa vida e escolhas. Que história você conta a si mesmo? Como é o narrador? A que gênero pertence a história de sua vida? Quais são os personagens principais? Quem conta a sua história? Faça experiências com diferentes gêneros de histórias em um diário. Quão diferente seria sua vida se você contasse sua história de modo diferente?

6

Seja como o sr. Collins

Você não deve desejar outra vida. Não deve querer ser
outra pessoa. O que você precisa fazer é o seguinte:
"Estejam sempre alegres. Nunca deixem de orar.
Sejam gratos em todas as circunstâncias".
Não sou totalmente capaz de tanto, mas essas são
as instruções corretas.

Wendell Berry, *Hannah Coulter*

Já faz muito tempo que comecei a achar que o sr. Collins, do clássico romance *Orgulho e preconceito*, de Jane Austen, recebe muito mais críticas do que merece.

Mais um da longa série de odiosos clérigos anglicanos de Jane Austen (o que eles fizeram a você, Jane?), o sr. Collins é um dos personagens mais universalmente ridicularizados em toda a literatura ou cinema, alguém cujo mero nome já evoca olhos que reviram e bufos automáticos de contrariedade. Por que as pessoas o odeiam tanto? Suponho que uma das principais razões seja porque ele é *tão irritante*. Ele diz as coisas erradas, não sabe como agir em um baile, pede em casamento mulheres que claramente não desejam se casar com ele. Ironicamente, é claro, muito disso poderia ser dito do sr. Darcy também. A diferença aqui parece ser que o sr. Darcy é bonitão e rico, então sua falta de tato é *misteriosa* e *interessante*, enquanto a do sr. Collins é *irritante* e *egoísta*. Em favor do sr. Collins, eu argumentaria que pelo menos ele tenta! Seus cumprimentos em relação às batatas cozidas podem ser premeditados, mas essa não é uma abordagem melhor do que o silêncio mal-humorado? (Estou olhando para você, Fitzwilliam!)

A maior mancha nos registros do sr. Collins, é claro, é seu pedido de casamento a Elizabeth Bennet, de arrepiar de tão desajeitado. Depois de expor certas razões muito racionais para querer se casar com a srta. Elizabeth (que isso aumentaria em muito a sua felicidade! que um bom pastor deve dar um exemplo de matrimônio para sua paróquia! que isso permitiria que o lar de infância de Elizabeth ficasse na família!), ele sofre o inconcebível: rejeição! Lutando para entender o acontecido, ele atribui essa rejeição de sua proposta à "verdadeira delicadeza do caráter feminino".

"Não" significa "não", sr. Collins! Leia o ambiente!

É claro que todo o problema do sr. Collins é que ele *não consegue* ler o ambiente. É por isso que gostamos de odiá-lo. Tanto na história quanto fora dela, o sr. Collins é extremamente ridicularizável porque sabemos que ele não entende que estão zombando dele. Mas, apesar de todos os seus defeitos, há uma simplicidade no sr. Collins que eu admiro e aprecio. Ele vive em um mundo pequeno e imperturbável, onde tudo o que importa são os sermões de Fordyce, a garantia de uma esposa para o aumento de sua felicidade e a valiosa patronagem de Lady Catherine de Bourgh. E enquanto todos estamos rindo dele, o sr. Collins vive em um estado de felicidade doméstica, abençoado com uma vida estável, um emprego importante e excelentes sogros, satisfeito com as escolhas que fez na vida.

Quem está rindo agora?

O sr. Collins tem um segredo que escapa a muitos dos personagens de *Orgulho e preconceito*, e que me escapa com muita frequência: o contentamento.

Quando penso no sr. Collins, penso em alguém que está completamente satisfeito com o modo como a vida se desenvolveu. Isso é algo que admiro. O contentamento é algo complicado, porque é fácil nos mantermos infelizes desejando ter o que outras pessoas têm, ou nos acomodarmos com muito pouco na vida. Nesse aspecto, o sr. Collins tem algo a nos ensinar: ele possui um certo tipo de sabedoria humilde, a habilidade de construir uma vida respeitável e satisfatória, tanto na tenacidade com que persegue certos objetivos quanto na humildade que lhe possibilita desfrutar deles plenamente.

O contentamento é algo complicado, porque é fácil nos mantermos infelizes desejando ter o que outras pessoas têm, ou nos acomodarmos com muito pouco na vida.

O que o faz tão contente? Refleti muito sobre isso e acho que se resume a três fatores: desfrutar das pequenas coisas, boas ambições e a humilde aceitação das perdas. Trata-se de habilidades essenciais para a vida obstinadamente feliz. Portanto, proponho que consideremos como imitar esse honorável clérigo.

Desfrutar das pequenas coisas

Certa vez, ao final de um bufê que eu havia organizado, encontrei um bolinho solitário deixado na bandeja, transbordando de delicioso creme de leite e geleia de groselha negra. Esses bolinhos geralmente acabam bem no início do dia, enquanto a montanha de sanduíches permanece firme e abandonada. Então, exultando diante de minha boa sorte, enrolei-o em papel alumínio e, não tendo minha mochila à mão, guardei-o no espaçoso bolso de meu casaco de lã. Distraída pelo turbilhão das atividades de limpeza, esqueci-me do bolinho após a finalização de meus deveres.

Na manhã seguinte, acordei, sonolenta, me vesti e fiz o café antes de sair correndo para dar a aula das nove horas da manhã. Um dia cheio se estendia diante de mim — uma aula, um seminário, duas reuniões. Repassei a agenda mentalmente e perguntei-me se derramar café diretamente em meus globos oculares faria com que eu me sentisse mais desperta. Avistando um bando heterogêneo de estudantes perambulando ao redor da porta da classe, ordenei a mim mesma para parecer Alerta, Mais Velha do que eles, Inteligente e Profissional. Empurrei a pesada porta para abri-la; os estudantes afluíram, pousando ao redor da ampla mesa retangular. Tendo limpado informalmente o quadro branco com meu braço encasacado, enfiei a mão no bolso do casaco procurando o marcador de apagar a seco que eu guardava ali. (Tenho um estilo Mary Poppins de guardar coisas nos bolsos do meu casaco.)

Foi quando senti o bolinho pelo tato.

Havia me esquecido completamente dele! De repente, despertei. Um arrepio de prazer me percorreu as veias, um estimulante mais eficaz do que uma injeção de café. No relampejar de um instante, ocorreu-me que eu poderia comer o bolinho depois da aula. Foi uma ideia maravilhosa. Talvez eu saísse furtivamente entre o seminário e a segunda reunião? Fiz planos em minha mente para comê-lo com café. Deveria pedir um café americano ou um *espresso* com leite vaporizado?

Definitivamente um americano. Preto ou com leite? Dependeria do meu estado de espírito. E, de qualquer forma, eu precisava dar a aula primeiro! *Aula! Certo! Devo fazer isso*, pensei. Mas, ah!, aquilo mudava tudo. Não consegui conter um risinho conspiratório. Recompondo-me para encarar a classe, não conseguia imaginar como eles podiam parecer tão tristonhos em uma manhã tão promissora quanto aquela.

— Bom dia, turma! Vamos mergulhar na leitura desta semana: o que vocês acham da teoria de Agostinho do pecado como privação?

Ao longo do resto do dia, meus passos eram saltitantes e havia um brilho em meus olhos. Aquela pequena delícia iluminou todos os deveres banais do dia e lançou uma sensação excitante de segredo em todas as conversas. Perguntei-me se as pessoas conseguiam notar que havia algo diferente em mim, algo especial, algo secreto. Dizem que se deve desfrutar das pequenas coisas da vida, mas naquele dia eu estava desfrutando do mero pensamento de desfrutar daquela pequena coisa em meu bolso, e essa alegria secreta foi uma fonte contínua de leveza que me mantinha flutuando.

Aprender a desfrutar das pequenas coisas é um dos segredos de uma vida teimosamente feliz, porque cria uma fonte interminável de prazer pessoal, e o sr. Collins é um verdadeiro especialista nisso.

A minissérie da BBC capta perfeitamente o prazer do sr. Collins nas pequenas coisas. Lizzy vai visitar Charlotte e o sr. Collins e, após sua chegada, o sr. Collins, em uma febre de entusiasmo, mostra a Lizzy todos os detalhes de seu lar recém-reformado, enquanto Charlotte generosamente se abstém de qualquer sinal de embaraço diante daquela exuberância exagerada. Embora não se possa deixar de sentir que o sr.

Collins deseja fazer com que Lizzy perceba tudo o que perdeu (um sentimento compreensível para alguém que foi rejeitado romanticamente), fica claro que a principal motivação do sr. Collins é a pura euforia diante de como sua vida está progredindo. Depois de uma longa excursão pelos jardins, eles chegam à sala de visitas, onde o sr. Collins revela o auge de sua satisfação com a vida: prateleiras no closet.

— Observe este closet, prima Elizabeth. O que acha dele? — pergunta o sr. Collins, quase ofegando de excitação.

Então, incapaz de esperar pela resposta da perplexa Lizzy, ele prossegue:

— Não é a própria essência da praticidade e elegância?

Lizzy abre um sorriso irônico, com um desdém zombeteiro que ela sabe que o sr. Collins não irá perceber, respondendo friamente com uma risada contida:

— Prateleiras no closet. Feliz ideia, com efeito![1]

Pode rir o quanto quiser, prima Elizabeth. Você já se sentiu tão entusiasmada com alguma coisa como esse homem se sente com prateleiras em um closet?

Sério, desfrutar das pequenas coisas é um exercício na arte da gratidão; estar consciente das dádivas e coisas boas na vida. A gratidão não é apenas algo que se sente; é algo que se pratica, que, por sua vez, molda a forma como se pensa e sente sobre vida. Repetidas vezes as Escrituras nos lembram e mostram como praticar a gratidão. "Darei graças", ora o salmista (Sl 7.17), possivelmente como um lembrete, pelo fato de ser algo que ele não faz naturalmente. "Sejam gratos em todas as circunstâncias, pois essa é a vontade de Deus para vocês em Cristo Jesus", escreve Paulo aos tessalonicenses (1Ts 5.18). A gratidão deveria ser a nossa atitude natural diante do mundo, recebendo-o como uma dádiva prazerosa e imerecida. A gratidão é o hábito de um coração que observa.

Que não haja dúvidas: o sr. Collins tem uma vida bem-aventurada e muitos motivos para ser grato. Nem todos são tão bem-aventurados a ponto de garantir a respeitável patronagem de uma pessoa como Lady Catherine de Bourgh, ou de herdar uma propriedade tão magnífica quanto Longbourn. Com certeza a terra que ele recebeu é aprazível e sua herança maravilhosa, mas não acho que seja apenas a boa fortuna que deixa o sr. Collins tão satisfeito com suas bênçãos na vida. Mesmo as comodidades mundanas mais agradáveis não garantem necessariamente a satisfação. Vemos isso claramente no caso de outro personagem que compartilha circunstâncias quase idênticas e, no entanto, consegue tornar a si mesmo e a muitas outras pessoas profundamente infelizes: o sr. Wickham.

Desfrutar das pequenas coisas é um exercício na arte da gratidão; estar consciente das dádivas e coisas boas na vida.

Como o sr. Collins, o sr. Wickham recebe a oferta de um emprego como clérigo na propriedade de Pemberley, com o jovem sr. Darcy como patrono, em quase exatamente o mesmo acordo aceito pelo sr. Collins. O sr. Wickham teve até a melhor sorte de ter tido sua educação paga. Todavia, em vez de se alegrar com essa boa fortuna, buscando uma esposa maravilhosa e tentando ser o melhor vigário que podia, o sr. Wickham parte para reencenar a parábola do filho pródigo, esbanjando sua riqueza em mulheres e bebida e recusando-se a ser útil, aplicado ou grato. Ao contrário do filho pródigo, todavia, não há arrependimento no sr. Wickham, e ele passa a vida mal-humorado, criando problemas e manipulando boas pessoas para lhes extrair dinheiro.

O que estou tentando provar aqui é que certamente as circunstâncias podem nos ajudar a obter felicidade, mas não podem criá-la. O sr. Collins é um sujeito de sorte, mas ele tem também a estrutura para desfrutar dela. Quer pela personalidade, quer pela prática, ele desenvolveu um hábito de encarar a vida de um modo que permite que ele a desfrute. Ele se entrega plenamente ao desfrute das pequenas coisas e extrai muita felicidade de alegrias simples. Faz questão de notar as coisas em sua vida que o deixam satisfeito. E não existe alegria pequena demais para celebrar. Sejam batatas cozidas, as vidraças de Rosings ou o grandioso advento de prateleiras em um closet, o sr. Collins se entrega ao prazer. Em palavras simples: ele cultivou a gratidão.

Em uma conversa com o sr. Darcy, Lizzy comenta sobre Lady Catherine:

— Tenho certeza de que ela não poderia ter concedido sua gentileza a alguém mais grato.

Certamente que não!

O mundo está repleto de pequenas fontes de prazer, que muitas vezes simplesmente não são percebidas. As almas felizes que aprendem a prestar atenção às generosidades em miniatura da vida adquirem uma disponibilidade secreta de se alegrar em qualquer circunstância. Quando você realmente se entrega ao prazer de uma xícara de chá forte e doce, ao paciente deleite de observar as gotas de chuva deslizando pela vidraça de uma janela, ou se alegra verdadeiramente ao usar uma blusa nova que lhe cai bem e parece perfeita, cada um desses prazeres parece ser suficiente para durar um ano. Quando você treina a atenção para notar as pequenas coisas na vida e desfrutar delas, largas avenidas de contentamento que você jamais imaginou se abrem. Como você pode ter tanta sorte? Imagine se você vivesse exatamente a mesma vida de agora, mas reservasse tempo para notar, cultivar e apreciar os pequenos prazeres que lhe estão disponíveis. Você não seria mais feliz?

Vê como o sr. Collins sabe o que está fazendo?

Boas ambições

Posso lhe confessar algo?

Quando fiz o teste no Pottermore para ver a que casa de Hogwarts eu pertencia, meu resultado foi Sonserina. Para aqueles para quem isso não significa nada, deixe-me explicar. As casas são atribuídas de acordo com os valores de cada casa e as qualidades predominantes de caráter que cada aluno possui. O valor predominante da Grifinória é a coragem, da Lufa-Lufa é a aplicação e da Corvinal é a inteligência. A Sonserina, no entanto, é a casa dos "vilões", e seu valor é quase um vício: ambição. Todos os meus amigos objetaram que o resultado deve ter sido um erro, que eu devo ter me confundido com alguma coisa no teste. "Você é uma Grifinória!", eles entoaram.

Mas, em meu coração, eu sabia que era verdade: sou Sonserina.

Minha mãe gosta de contar uma história de quando eu era muito pequena (uns três anos, creio). Estávamos em uma grande feira agrícola, e de repente ela me perdeu de vista. Depois de um momento olhando ao redor em pânico, ela me avistou. Eu estava abrindo caminho decididamente por entre uma multidão de crianças e adultos desatentos. Conta a história que eu, cheia de confiança, abri um mar Vermelho de pessoas mais velhas e maiores do que eu, fiquei plantada diante de um cercadinho de cabritinhos novos e fiquei observando os cabritinhos até cansar, quando então abri caminho de volta entre a multidão, satisfeita por ter atingido minha meta.

Sempre tive um motor girando dentro de mim, uma sensação de todas as coisas que eu poderia realizar ou criar, todas as pessoas que poderia conduzir. Contam-me que eu reclamava frequentemente para minha mãe que ela não estava "fazendo o bastante comigo" academicamente. (Em retrospecto, isso é extremamente cômico, devido ao fato de que iniciei meus estudos de doutorado aos 22 anos.). Lembro-me frequentemente da cadela da família, Darcy (não o Fitzwilliam de Pemberley). Uma grande parte da tarefa de cuidar dessa criatura amável e ridícula envolvia impedi-la de se machucar indo atrás de bolas de tênis. Desde os três meses de idade, ela havia adquirido um interesse monomaníaco em brincar de buscar bolas. Em numerosas ocasiões, ela se feriu indo atrás de uma bola, seja por bater com a pata na cabeça de um aspersor, por se contorcer com entusiasmo demais para pegar a bola no ar ou por correr rápido demais. Sua devoção à arte de pegar bolas merece uma medalha, mas há uma certa tragédia nisso: será que a paixão dela por apanhar bolas pode ser realizada sem que ela se machuque? Pode a minha ambição correr livre sem me exaurir?

O dicionário de Cambridge fornece duas definições principais de ambição: "forte desejo de sucesso, realização, poder ou riqueza" ou "um forte desejo de alcançar resultados".[2] Uma enfatiza a atividade da ambição, e a outra o objeto da ambição. Nessa distinção existe uma enorme diferença. Desejar alcançar algo não é errado; ao contrário, não deveríamos todos desejar fortemente alcançar resultados? Uma vida virtuosa? Relacionamentos importantes? Estabilidade financeira? A vida eterna? O problema não é a ambição, mas o alvo de nossas ambições.

Um dos truques insidiosos com que a sociedade moderna nos engana é que ela valoriza a ambição como uma atividade, mas deixa de nos prover de objetos dignos de nossa ambição. O mundo moderno atormenta pessoas como eu porque, como Darcy, acabamos nos machucando sem nos perguntar por quê. Temos uma visão empobrecida de uma vida com propósito, então encorajamos as pessoas a uma busca insaciável de bens que não lhes fazem bem sem uma comunidade, uma estrutura moral dentro da qual desfrutar deles. Quando consagramos a ambição em si como um bem, abrimos caminho para vidas em esteira ergométrica, correndo eternamente mas sem chegar a lugar algum. Essa é a cultura que devora todos os recursos do planeta e da economia e ainda assim não se satisfaz. Como Colin Firth observa ironicamente em *Mamma Mia: Lá vamos nós de novo*: "De que adianta subir a escada se ela está apoiada na parede errada?".[3]

Então o que fazemos? Desistimos completamente da ambição? Darcy distendeu a pata de novo recentemente e, enquanto fica andando pela casa aborrecida em busca de uma bola de tênis que não irá encontrar (porque escondemos todas elas), eu me pergunto: há uma válvula de escape saudável para toda essa energia que há em *mim*? Será que estou fadada a ficar insatisfeita com a vida? A machucar minha pata metafórica?

O sr. Collins certamente é da Sonserina, mas ele não tem esse tipo de ansiedade.

Ele tem ambição, sim. Sabemos desde a primeira página em que encontramos o sr. Collins que ele deseja alcançar certos objetivos, mas suas ambições na vida são poucas, simples e alcançáveis. Ele não tem má intenção em relação a ninguém.

Não deseja pisar em ninguém em seu caminho para o sucesso mundano, e isso é algo que não pode ser dito de muitos personagens de Austen. Ele é muito determinado em sua busca de uma boa esposa, mas sua principal ambição, ao que parece, é levar uma vida respeitável, dedicada e confortável. Ele não é passivo em sua busca dessas metas, nem dominado por uma fome insaciável de obter sempre mais. Sua ambição é levar uma vida boa e feliz, e cumprir seu dever para com as pessoas que o cercam. E, quando ele alcança essas metas, fica bastante satisfeito. Nunca vemos qualquer sinal de que ele seja torturado por algo que outra pessoa tenha. Ele não é um homem ciumento. Se um bispado surgisse em seu caminho, ora, tenho certeza de que ele ficaria eufórico diante dessa boa sorte, e faria o melhor possível. Pode até ser que isso lhe subisse um pouco à cabeça, mas acho que ele cumpriria seu dever com a mesma solenidade e satisfação com que cuidava de seu jardim.

Quando ele finalmente se casa com Charlotte (o único personagem sincero em toda a história), o sr. Collins fica verdadeiramente tão feliz quanto poderia ser. Ele trabalha em seu jardim. Encanta-se com suas colmeias. Sua grande alegria todas as semanas é jantar em Rosings Park com a generosa Lady Catherine de Bourgh. Ele não consegue acreditar em sua sorte por ter sido enviado como clérigo à paróquia em Rosings e quer fazer um bom trabalho para agradar a patrona. Está inteiramente satisfeito com sua escolha de esposa e, para a grande satisfação de Charlotte, ele se mantém ocupado, de modo que ela pode desfrutar de um quarto só para si, onde ele não a perturba. Ele construiu uma boa vida para si mesmo, uma vida bela e estável, da qual outros podem depender e ele pode desfrutar. E desfruta!

O sr. Collins parece ter levado a sério a instrução do apóstolo Paulo:

> Tenham como objetivo uma vida tranquila, ocupando-se com seus próprios assuntos e trabalhando com suas próprias mãos, conforme os instruímos anteriormente. Assim, os que são de fora respeitarão seu modo de viver, e vocês não terão de depender de outros.
>
> 1Tessalonicenses 4.11-12

Amo esse versículo, porque ele não nos diz para destruir a ambição, mas para dar a ela um alvo digno e alcançável. O alvo descrito não é um arsenal de recursos (riqueza, fama, posição social), mas a conquista de um modo de estar no mundo: uma "vida tranquila". Há muito contido na breve descrição que esse versículo dá. Uma vida que seja pacífica, não ofuscante, humilde, tranquila. Uma vida com trabalhos importantes a fazer ("trabalhando com suas próprias mãos"), cujo frutos possam ser observados de modo concreto. Uma vida que "os de fora respeitarão", uma vida de harmonia e integridade, respeitável e digna de admiração. Uma vida que é segura, que se sustenta a si mesma ("vocês não terão de depender de outros"), uma fonte de estabilidade para os outros e uma tranquilidade em meio às tempestades da vida.

Essa é a vida que o sr. Collins conquistou. Essa é a vida que desejo.

Levar uma vida tranquila de contentamento, em que o alvo é a estabilidade e não a acumulação eterna, é algo radical neste nosso mundo insaciável. Quando seu alvo é uma vida tranquila, a ambição se torna amiga do contentamento e não a inimiga. Se maiores realizações surgirem em seu caminho, saboreie-as, mas não amarre sua felicidade a essa estrela.

Não posso deixar de pensar que teríamos um mundo mais pacífico e estimulante se dirigíssemos nossa ambição para o alvo de uma vida tranquila. Seríamos menos solitários, porque valorizaríamos a família, a comunidade e o lar mais do que a ascensão infinita na carreira por uma escada que não leva a lugar nenhum. Nosso mundo sofreria menos sob o peso do consumo irrestrito e irresponsável, porque valorizaríamos a sustentabilidade e a autossuficiência. Nós nos sentiríamos menos inquietos, porque estaríamos satisfeitos pelo fato de nossa vida tranquila ser boa e suficiente.

Não posso deixar de pensar que teríamos um mundo mais pacífico e estimulante se dirigíssemos nossa ambição para o alvo de uma vida tranquila.

Seríamos mais felizes, porque teríamos a satisfação de alcançar uma vida que fornece sustento para nós mesmos e os outros, que acrescenta e não retira estabilidade ao mundo.

Exatamente como o sr. Collins.

Humilde aceitação das perdas

As pessoas gostam de dizer que o teste do caráter de alguém não é o fracasso, mas o sucesso. Porém acho que isso pressupõe que todos nós somos mais bem-sucedidos do que geralmente somos. Em minha experiência, fracasso, rejeição ou perda são muito mais comuns e constantes como teste de caráter na vida de alguém do que o sucesso. Não importa quão espertos, gratos ou bem-intencionados sejamos, a vida nem sempre se desenvolve como gostaríamos; outra pessoa consegue o emprego, a garota, o mérito. Muito de nossa felicidade dependerá de como lidaremos com essas perdas. Quer escolhamos ficar tristes, culpar a nós mesmos, prometer não nos envolvermos nesse tipo de coisa outra vez ou ficar satisfeitos com o que recebemos, a forma como lidamos com a perda molda como enfrentamos o futuro e como nos sentimos sobre a vida.

O mais perto que cheguei de desprezar o sr. Collins e sentir que ele realmente demonstrou ter um defeito foi depois de sua proposta de casamento descuidada e arrogante, seguida por sua espantosa recusa em acreditar que Elizabeth pudesse dizer não a um bom partido como ele. (É preciso respeitar tanta autoconfiança!) Porém, antes de nos entregarmos a um festival de ódio contra o sr. Collins, lembre-se de que, na cabeça dele, ele estava fazendo um bem aos primos. Por ser o herdeiro da propriedade, escolher uma esposa entre os Bennets garantiria que nenhuma das quatro irmãs mais novas ou a mãe de Lizzy fossem expulsas após a morte do sr. Bennet. Então, ele simplesmente inspecionou as irmãs e escolheu a melhor. Não era irracional da parte dele pensar que essa era uma boa ideia, e não é um crime ser desajeitado socialmente.

Mas, é claro, Elizabeth estava certa em recusá-lo. Ela não o amava e, corretamente ou não, não o respeitava. A vida é mais do que um cálculo econômico.

Ainda assim, o sr. Collins se recusa a aceitar. O sr. Collins está simplesmente se deparando com a incômoda realidade de que todas as pessoas com quem você namora ou se casam com você ou acabam rompendo o namoro. Suponho que, no período regencial, isso pudesse se aplicar a propostas de casamento, já que geralmente eles parecem pular a parte do cortejo. Todo o esforço de romance nos abre à alarmante possibilidade de que nossa felicidade dependa de outra pessoa, e as outras pessoas têm mentes, vontades e desejos que podem ser inteiramente dissonantes aos nossos! Que horror!

E isso remete à realidade ainda maior de que, não importa quão gentil você seja, nem todos no mundo vão gostar de você. Em um ponto ou outro, todos encontramos a rejeição. Eu recebi o meu quinhão de rejeição em muitas áreas da vida e também rejeitei muitas coisas e pessoas. Ambas as posições nos dão uma perspectiva interessante sobre as diversas formas em que tentamos nos proteger e ocultar nosso embaraço, quer nos tornando vingativos e arrogantes, quer nos entregando ao ódio de nós mesmos e à depressão. Parece que é muito difícil simplesmente dizer: "Puxa, que pena. Gostaria que tivesse sido diferente. Mas desejo felicidades a você!".

Como podemos chegar a isso?

Quando eu era menininha, minha mãe fez minhas irmãs e eu memorizarmos o clássico poema britânico "Se", de Rudyard Kipling, que descreve um ideal de masculinidade britânico. Uma das estrofes sempre me tocou de maneira especial:

Se és capaz de arriscar numa jogada
  Tudo o que conquistaste em tua vida,
Perder, voltar ao ponto de partida
  E sobre a perda nunca dizer nada.[4]

Entendendo que é óbvio que este livro não defende que você suprima seus sentimentos e se transforme em um robô, desejo fazer a seguinte observação: existe virtude em aprender a engolir o sapo, aguentar o golpe e prosseguir com a vida. Negar o ímpeto de ceder a uma autocomiseração complacente ou atacar vingativamente a reputação de quem quer que o tenha rejeitado (seja um patrão ou namorado) fará, na verdade, com que você se sinta e pareça melhor ao final. Eu às vezes sinto que, em um mundo em que as pessoas falam cobras e lagartos na internet, perdemos a arte da dignidade pessoal. Em minha vida, descobri que quase sempre é melhor (pelo menos publicamente) aceitar a rejeição "e sobre a perda nunca dizer nada".

Como encontramos forças em nós mesmos para fazer isso? Bem, acho que, antes de tudo, precisamos ter uma noção de nosso próprio valor e dignidade. Clérigos respeitáveis não imploram a alguém para mudar de ideia! E eles com certeza não ficam se lamentando! Quando você sofrer uma rejeição, tente lidar com o sentimento crescente de pânico. Respire fundo. Preserve a dignidade. Se tiver dificuldade em imaginar como fazer isso, apenas imagine-se como um dos personagens de Maggie Smith em qualquer filme e aja daquela forma. A Condessa Viúva de Grantham choraria se alguém dissesse algo desagradável a ela? Não! Que vulgar! Será que a Professora McGonagall ficaria resmungando pelos corredores de Hogwarts e insistiria para que todos os amigos a ajudassem a se sentir melhor se alguém a desafiasse? Ridículo!

Existe virtude em aprender a engolir o sapo, aguentar o golpe e prosseguir com a vida.

Todavia, é claro que meramente preservar a dignidade não é o bastante, porque essa atitude pode se cristalizar em uma visão cética da vida, em que você nunca se dispõe a se entregar ao romance, ao trabalho ou à amizade, e essa não é uma boa receita para a felicidade. Depois da primeira dor da rejeição, e uma nobre aceitação pública da derrota, você deve aprender a aceitar intimamente a rejeição de uma forma que não alimente nem amarguras nem impotência.

Praticar a gratidão antes da rejeição ajuda a amenizar o golpe, porque cria a consciência de quão rica é a sua vida. É quando deixamos de ser gratos por nossa vida e começamos a invejar a dos outros que nos tornamos mais infelizes. Penso com frequência em Pedro ao final do ministério terreno de Jesus. Depois que Jesus conta a ele sobre seu futuro sofrimento, a reação dele foi perguntar sobre o destino de João. Jesus responde: "O que lhe importa? Quanto a você, siga-me" (Jo 21.22). Deus não tem obrigação de nos dar uma vida fácil; aqueles pelos quais nos apaixonamos não estão obrigados a nos retribuir a afeição. Não podemos viver a vida exigindo receber exatamente o mesmo que todos os demais. Quando nos vemos fervilhando de inveja, precisamos relembrar as palavras de Jesus: "O que lhe importa? Quanto a *você*, siga-me".

Cada um de nós tem sua própria história a contar, sua própria vida a viver. Essa vida terá perdas, fatos que realmente nos deixarão tristes e chateados. Mas a comparação apenas aumenta essa frustração. Preste atenção ao seu próprio enigma, e não deixe as amarguras criarem raízes. Quando paro de exigir que a vida seja de certa forma e, em vez disso, presto atenção ao generoso âmbito de minha vida, descubro que sou capaz de aceitar a rejeição. Posso dizer a mim mesmo: *Não venci essa, mas tudo bem. Olhe para todas as coisas boas em minha vida. Sou uma pessoa de muita sorte.*

No entanto, só porque ninguém tem a obrigação de lhe dar nada na vida, não significa que você não deve tentar conquistar algumas coisas. Pense, novamente, caro leitor, no sr. Collins. Se ele tivesse aceitado a derrota total e se enfiado no buraco do eterno celibato, nunca teria ganhado o tesouro que é Charlotte, a querida Charlotte. Eu realmente não gosto de como a adaptação cinematográfica de 2005 de *Orgulho e preconceito* retrata Charlotte como uma solteirona abatida e desesperada de 27 anos que consegue um jeito de sobreviver se casando com um clérigo chato. Bobagem! Charlotte conquista uma vida boa e confortável; ela pesou e calculou suas opções, e essa foi a que escolheu. E o sr. Collins teve sorte! Charlotte é equilibrada, boa dona de casa e tão pouco dramática quanto feijão com arroz! E pense nos parentes dele por parte do casamento. Ao final de *Orgulho e preconceito*, sempre penso comigo mesma quão embaraçosos devem ser os Natais da família ampliada, com a presença de Bennet/Darcy/Bingley/Wickham. Não se pode nem comentar sobre o clima sem mencionar um genro maldito ou despertar a ira de uma cunhada sarcástica. Mas o sr. Collins? Ele se esquiva de tudo isso. Seus parentes por casamento são os adoráveis Lucas, pessoas agradáveis e gentis, sem nenhum drama.

Embora a rejeição inicial de Lizzy possa tê-lo magoado, o sr. Collins deve dar graças por suas bênçãos, pois são muitas. E sabe o que é interessante? Sei que ele vai dar graças!

Talvez mesmo depois de tudo isso você ainda insista em que o sr. Collins é ridículo. Então eu diria que há mais uma lição que temos de aprender dele: não se importar muito com o que as outras pessoas pensam de você. Não se importe nem mesmo se elas acharem que sua vida é patética. Enquanto todos rimos e gargalhamos de quão bizarro ele é, o sr. Collins está vivendo a melhor das vidas agora.

O sr. Collins ri por último.

Para ler

"Se", de Rudyard Kipling

Para ver

A minissérie da BBC, *Orgulho e preconceito* (1995), com Jennifer Ehle e Colin Firth

Para escutar

"The Gift", de Jon Foreman
"Don't You Want to Thank Someone", de Andrew Peterson

Para refletir

Essas obras de arte tratam do cultivo da gratidão, da paciência e da ambição virtuosa.

O que você quer da vida? Faça uma lista de como seria sua ambição de uma vida tranquila e simples. Como você poderia dar um passo ousado rumo a esse futuro? Agora treine a gratidão; faça uma lista de todas as pequenas coisas que lhe trazem alegria. Quais são as suas "prateleiras no closet" metafóricas? O que lhe dá muito prazer?

7

Creia em Deus

Se formos infiéis, ele permanecerá fiel, pois não pode negar a si mesmo.

2Timóteo 2.13

De novo?, pensei. *Será que algum dia vou me livrar disso?*

Havia caído sobre mim, uma vez mais, o grande torpor da dúvida. Crer em Deus nunca foi fácil para mim e, apesar disso, sempre senti que era importante. Para a consternação tanto de meus amigos crentes quanto dos descrentes, eu me via continuamente arrastada por uma maré de perguntas, com um desejo apavorado de chegar à praia da crença. Eu estava tão, tão cansada daquilo! Gostaria de acreditar em Deus, mas então as perguntas que eu havia relegado ao mistério voltaram a parecer urgentes e impossíveis. Naquele dia, os músculos da crença dentro de mim se enfraqueceram, claudicaram e se romperam. Recuei da frágil coragem de fé que eu lutara tanto para manter. Sabe como é: alguém a quem eu começara a amar havia morrido. Em uma cidade distante, ele se fora em uma manhã de primavera, sem nenhum aviso nem despedida. E, de algum modo, eu soubera que aconteceria — e odiei saber.

Desde que comecei a morar em St. Andrews, o mar se tornou meu confidente. O ruído da praia oferece um tipo de privacidade. Muitas vezes eu cantava, recitava poesias ou falava em voz alta enquanto caminhava, minhas palavras e canções ocultas em segurança pelo murmúrio da água correndo, o grasnar irônico das gaivotas, a ferocidade do vento leste. O oceano guarda seus segredos, e eu o amo por isso. Naquele dia, caminhei pela praia, deixando o quebrar das ondas abafar os gemidos embaraçosos de meu coração partido, ecoando meu sofrimento com a maré vazante. Quando o primeiro jorro de lágrimas se extinguiu, enxuguei o rosto e encomendei uma refeição pelo celular para enviar à família enlutada na cidade distante. Foi a única coisa que pude fazer, o único modo de ajudar no que parecia uma situação irremediável. Arrastei-me de volta ao apartamento em passos zangados, pesados, falando com Deus, mas não escutando.

Gostaria de acreditar em Deus, mas então as perguntas que eu havia relegado ao mistério voltaram a parecer urgentes e impossíveis.

Morrem pessoas todos os dias.
Pessoas que tu dizes que amas.
Como podes dizer que as ama?
Por que deixas que isso aconteça o tempo todo?
Belo amigo que és, Deus!
Se és real, por que tornas tão difícil crer em ti?

Naquele momento, a possibilidade da existência de Deus me parecia mais ultrajante do que sua ausência. Sua existência me atormentava. Se Deus não existisse, não haveria nada para se zangar — o mundo era assustador e aleatório, mas não maligno. Mas, se Deus existia e ele permitia que essa fealdade, essa dor, essa injustiça prosseguissem sem parar, geração após geração... como suportar isso? Meu sofrimento se envolvia em um manto de raiva tempestuosa; minha impotência, em indignação. É mais fácil, percebi, sentir raiva do que sentir medo ou tristeza. A raiva é ousada e afirmativa, faz exigências, espera algo. Na raiva, eu podia manter à distância a desolação que espreitava sob a incurável dor e confusão da perda, e o medo de que talvez isso, finalmente, fosse demasiado. Que, dessa vez, eu não conseguiria mais conservar a fé.

Sentia-me perdida e sofria pela perda, mas me enraivecia porque isso me fazia sentir mais segura.

Recusava-me a escutar a Deus, porque tinha medo de que ele não falasse.

Um mês se passou.

Chegou o recesso da primavera e, junto com ele, uma amiga dos Estados Unidos. Fiz o possível para enfiar minhas perguntas de Pandora de volta à caixa. Pelo menos consegui desviar os olhos delas. Elas chiavam, esbravejavam e ameaçavam a todo momento se espalhar como lava sobre tudo, mas fiz o possível para ignorá-las. Jessica chegou, com seus flamejantes e encaracolados cabelos ruivos e seu entusiasmo infinito. A animação dela me reavivou um pouco, e era um alívio ser distraída. A família dela vivera, muitas gerações atrás, nas Borderlands, a faixa de terra nas fronteiras da Escócia que, ao longo da história, pertenceu às vezes à Inglaterra e às vezes à Escócia, dependendo de quem havia matado quem recentemente. Quando o sexto avô dela vivera lá, era um lugar violento e inseguro. Aqueles no poder davam golpes militares a torto e a direito, tentando se apossar de faixas de terra, e as pessoas ficavam sempre presas no fogo cruzado. Homens oportunistas se aproveitavam da instabilidade, pilhando as fazendas das famílias, quando os exércitos não o faziam. Então a família de Jessica fez o que precisava ser feito e construiu uma torre de guarda, de olhos aguçados e impenetrável. Seus antepassados prestavam a máxima atenção em meio à noite escura à procura de sinais de intrusos e malfeitores a fim de manter as pessoas do vale a salvo.

A torre ainda existe e, em uma agradável virada do destino, é agora uma propriedade que pode ser alugada durante as férias. Então partimos para a terra dos ancestrais de Jessica para nos alojarmos em uma torre do século 17. Algo extremamente normal.

Depois de uma hora e meia sacolejando em um ônibus de dois andares que ia adernando pelas estradas campestres, desembarcamos em uma cidadezinha e fomos à procura de alimentos. Carregadas de ovos, chá, torrada, cogumelos e muitas fatias de bacon para o banquete da manhã seguinte, encontramos um mapa e iniciamos a excursão. As primeiras duas horas foram belas. Caminhamos junto a um riacho cintilante, passamos pelo que outrora havia sido um magnífico castelo, suas pedras se esfarelando parecendo terem sido congeladas ao rolarem montanha abaixo. Em certo ponto, o caminho levava à boca de um túnel de estrada de ferro abandonada, pintado em cores alegres pelos jovens da região. Mais adiante, passamos por um vasto campo cujo único ocupante era um faisão imperturbável. Não havíamos passado muito tempo juntas desde os tempos do ensino médio, então havia muito a contar uma para a outra. Conversávamos em um ritmo tranquilo, rindo, relembrando nossos sonhos ardentes e embaraçosos de juventude, relatando os triunfos, percepções e derrotas do ano anterior, imaginando, divertidamente, o que nosso futuro nos reservaria. Nossa conversa fluía com tanta facilidade que nem percebemos que estava começando a anoitecer.

Ficamos levemente preocupadas. Provavelmente havíamos ido longe demais, pensamos. Avistamos uma estrada que passava ao redor de um campo; o mapa não parecia conter uma estrada. Isso era preocupante. Os alimentos e nossas mochilas começaram a parecer pesados demais. Não tínhamos visto nenhum sinal de civilização por uma boa meia hora. Procurávamos inutilmente no mapa, virando-o de cabeça para baixo, tentando discernir algum ponto de referência, esperando que ele pudesse revelar algum mistério secreto. O faisão nos fitava com um ar indiferente enquanto começamos a fazer planos de contingência. Foi então que nossa salvadora apareceu. Ela estava usando botas Wellington, segurava um lançador de bolinhas para cães e levava um garboso labrador negro a seu lado. Ela sorriu, as bochechas cor de cereja reluzindo devido ao exercício e ao ar frio, os olhos com um vinco simpático cintilando de cordialidade.

— Vocês duas parecem perdidas — observou ela, com uma suave entonação escocesa.

— Estamos tentando encontrar a Torre Barnett. Vamos nos hospedar lá esta noite.

— A Torre! Ora, é claro. Conheço o local. Minha filha vai ficar lá em sua lua de mel daqui a alguns meses. Um lugar adorável.

— Ah, maravilhoso! — dissemos em uníssono, aliviadas. — Onde fica?

— Só um quilômetro e meio rio abaixo!

Nosso rosto deve ter estampado tristeza, porque a gentil senhora nos ofereceu imediatamente uma carona. Aceitamos cheias de gratidão e, esquecendo tudo o que nossos pais haviam dito sobre não entrar no carro de um estranho, contornamos o campo e nos apertamos no SUV rural dela, que cheirava a aromatizante para carros e comida de cachorro. O labrador, confinado ao porta-malas, inclinou a cabeça sobre nossos assentos e babou tristemente em meu ombro, enquanto nossa generosa motorista tagarelava alegre em seu sotaque melodioso, apontando para uma ponte do século 16 aqui e uma antiga fazenda de gado Angus ali. Depois de alguns minutos, viramos a esquina e nos vimos à sombra da Torre Barnett.

Não sei o que havíamos esperado ver, mas, de algum modo, eu não esperava uma torre real, genuína. No entanto, ali estava ela: uma sólida coluna de pedra. O vento assobiava ao redor dela, um pequeno arbusto apoiado em sua base inflexível sob a impiedosa rajada de vento. Estava escuro e frio àquela hora, como era esperado, então, depois de agradecer efusivamente nossa benfeitora, Jessica não perdeu tempo. Procurou sob o vaso de flores (vazio) designado pela chave mestra caricaturalmente grande. Eu não chamaria a Torre Barnett exatamente de convidativa, mas sua porta de madeira com uma fechadura de boca aberta despertou o mesmo tipo de curiosidade em mim que cavernas, porões e sótãos despertavam na infância. Enquanto entrávamos rápido pela soleira já desgastada, não pude deixar de sentir que estava entrando no palácio da rainha das fadas, de onde jamais sairia.

Em uma feliz contradição, o interior da torre era tão aconchegante quanto o exterior era aterrorizante. Cada um dos quatro andares era composto por um único cômodo espaçoso com tetos arqueados; o andar inferior era um vestíbulo; o segundo andar, uma cozinha bem-equipada com louça alegre e um fogão a gás; o terceiro andar, uma confortável sala de estar com estantes repletas de romances de detetive e guias de turismo pela Escócia; e o andar superior, um quarto com uma ampla cama de casal humildemente coberta por uma típica colcha de retalhos feita em casa e uma manta de lã macia. Tendo depositado as sacolas com alimentos no piso da cozinha e carregado nossas mochilas pelos quatro lances de escadas acima, deixamos a bagagem cair ao chão e nos jogamos sobre a cama espaçosa, rindo de nossa aventura e nossa boa fortuna de termos sido transportadas até ali por uma moradora local. Tínhamos praticamente um castelo inteiro para nós, e não deixamos de notar como isso era fantástico.

Levadas pelos roncos audíveis de nosso estômago, começamos a preparar o jantar, que era uma combinação de torrada, queijo, bacon e canecas gigantes de chá. Ligamos o alto-falante do celular no volume máximo para embalar nossa alegre dança cozinhando, cantando e rindo. A vitalidade dos cabelos e do ânimo de Jessica transformaram minha melancolia em um ritmo feliz. Rimos, comemos e assistimos a um bom filme à moda antiga, com final feliz. Quase me esqueci de que estava tendo uma crise espiritual. Cansadas da longa caminhada, entramos embaixo das cobertas e caímos sem hesitação em um sono profundo e reparador.

Nas primeiras horas da manhã, o gemido incansável do vento me despertou, e uma profunda tristeza tombou sobre minha alma. Deitei de costas, fitando a escuridão acima de mim, que eu supunha ser do teto, esperando que o sono fosse suficientemente generoso para ousar me visitar outra vez. Isso não aconteceu. Desistindo, saí da cama e desci cuidadosamente as escadas. Fiz uma xícara de chá, apertei o botão de reprodução aleatória em uma playlist em meu iPhone, enrolei-me na manta de lã e me empoleirei na pequena janela da cozinha. Não havia notado até aquele momento quão poucas janelas havia na torre. *Mas é claro*, pensei, *aquela era uma torre de vigia, um local de defesa militar. Janelas eram um risco.* E, enquanto o vento chacoalhava a janela com uma petulante insistência, pensei que talvez elas ainda fossem.

Creio que tinha algo a ver com a segurança da torre, mas, enquanto estava sentada ali, com a caneca irradiando calor para meus dedos gelados da madrugada, meu manto de raiva caiu, e por baixo encontrei uma grande tristeza, um grande medo e um grande cansaço.

Ali estava a tristeza: não há como curar a perda. Uma de minhas amigas diz que as pessoas que amamos são como sóis ao redor dos quais orbitamos, e quando perdemos alguém, um de nossos sentimentos mais profundos é o de uma perda de gravidade. Não diferenciamos mais o alto e o baixo, somos lançados ao espaço, girando, perguntando-nos a que nos agarrarmos. Mas a vida é cheia desses sóis perecíveis — não há o que fazer. Nascemos em um mundo onde os sóis não são eternos, e ano após ano somos jogados exaustivamente de um sistema solar a outro.

Eu sabia disso, e em muitos momentos passados havia me reconciliado com esse fato. Parecia-me que Deus existe, que ele nos ama e que o mundo é cheio de dor e tende para a morte. Muito tempo atrás, eu havia chegado à conclusão de que tudo isso podia, misteriosamente, ser verdadeiro ao mesmo tempo, e que eu preferia viver com Deus em dor a dar às costas a Deus porque este mundo dele não faz sentido. Por que, então, essa súbita recapitulação da dúvida? Por que essa renovada paralisia da fé?

Suponho que seja porque, às vezes, não importa quão intelectuais, espirituais ou maduros sejamos, a desolação do mundo é difícil demais de suportar, e os olhos de fé são turvados pelas lágrimas. Assim como Paulo, eu havia reconhecido o Cristo ressuscitado, um reconhecimento pelo qual, se estivesse errada, eu seria, entre todas as mulheres, digna de pena. Repetidas vezes eu tropeçara, caíra e me agarrara à rocha de Cristo, sentindo que ele era o que havia de mais verdadeiro e o melhor, o mais real. Em certos momentos eu havia sentido essa verdade tão clara e próxima quanto o bater de meu coração. Porém em meu sofrimento tudo parecia falso de repente, uma tentativa desesperada de permanência no abismo da impermanência. A miragem de água vista por alguém morrendo de sede no deserto. Sentia-me desgraçada, e Deus se mostrava indiferente.

Aqui estava o medo: que eu houvesse perdido tempo. Eu havia forçado meus olhos, meu coração, minha fé para ver a miragem e crer que fosse verdade. Senti em algum lugar do coração que, se desistisse de Deus, ele desistiria de mim. Eu estava cansada de segurar as razões pelas quais ainda cria em Deus e sua bondade diante dos olhos, e sentia-me abandonada por ele. Estava preocupada que tivesse lutado duro para conservar uma fé em um Deus que não estava lá, ou pior, que não escutava. Eu não deveria, pensei sinceramente, precisar me esforçar tanto. Temi que minha fé terminasse como o poema de T. S. Eliot "Homens ocos": "Não com um estrondo, mas com um gemido".[1] Eu me resignaria calmamente ao agnosticismo, e Deus não faria nada a esse respeito.

E talvez, acima de tudo, eu estivesse cansada. Cansada de estar nesse ponto outra vez. Mais uma vez insegura, com medo. Preocupada de ser sempre assim. Secamente, e com a garganta apertada, fechei os olhos. *Deus, quero crer em ti. Não encontrei nada mais belo, mais verdadeiro. Mas nada me restou. Não consigo mais reunir uma gota sequer de crença. Estou seca. Não consigo ver que diferença isso faz. Se quiseres que eu fique por perto...*

Estanquei. Não sei o que eu queria de Deus. Que dissesse algo? Fizesse algo? Pedisse desculpas? O que quer que fosse, eu sinceramente não esperava que Deus estivesse à altura do desafio. Achei que haveria apenas silêncio, que eu me resignaria à crença ou ao agnosticismo, sem nenhum conselho dos céus.

Mas então duas coisas aconteceram.

Escolhendo um sol com o qual ver

No incrivelmente longo e catarticamente deprimente romance russo *Os irmãos Karamázov*, há uma pequena história que você quase certamente teve de ler em seu curso de literatura do ensino médio: "O Grande Inquisidor". É uma esmerada parábola em que Jesus retorna a este mundo durante a Inquisição e é morto novamente por pessoas que não conseguem reconhecer o Salvador que alegam adorar, ou se recusam a reconhecê-lo. A história faz parte de uma conversa mais longa entre dois irmãos, Ivan e Aliócha. Ivan é um jovem mundano e acadêmico, e Aliócha um noviço que deseja se tornar monge. Em um canto sombrio de uma taverna, eles discutiam sobre como se pode entender este nosso mundo de sombras.

Senti, em algum lugar do coração, que, se desistisse de Deus, ele desistiria de mim.

Cada um deles adota posturas juvenis de ateísmo e teísmo, ardentes e elementares em suas convicções, possuindo mais fervor do que sutileza. Ainda assim, em ambos há uma admirável honestidade. Ivan olha para a crueldade da humanidade, o modo como não apenas carecemos de bondade, mas nos esforçamos ao máximo para machucar os outros, e conclui que Deus não existe, ou, pelo menos, não existe um Deus amoroso. Por que iríamos querer crer em um Deus que fez um mundo como este?, ele pergunta a Aliócha. Mesmo que todo o mundo fosse belo e bom, mas uma criança fosse deixada sozinha sofrendo no escuro, Ivan acha que Deus não seria digno de devoção.

Aliócha fica perturbado com as dúvidas de Ivan, que habitam em seu coração também, mas ele sustenta que a vida se torna mais sensata, mais bela quando se vive *como se* Deus existisse. Quanto mais se vive dentro da história do cristianismo, mais inegável isso se torna. Ele não consegue entender tudo, mas sente que isso é verdade até à medula dos ossos.

Os irmãos Karamázov não é uma propaganda cristã. Apresenta tanto o ateísmo quanto o cristianismo em suas luzes mais fortes, mais convincentes, e deixa-os suspensos em sua cabeça. Quando se lê as palavras de Ivan, vê-se claramente que as conclusões que ele extrai não são absurdas. Ele possui uma aguda consciência e uma boa cabeça e, com toda a sinceridade no coração, ele simplesmente não consegue crer. Aliócha está repleto de dúvidas também, mas escolheu viver dentro da história de Cristo, e isso tem um alto custo para ele. A história não é uma lenda moral simplista em que a crença é a conclusão óbvia, e a vida de fé é límpida e certa. O livro explora a crença não por meio de argumentos, mas pela experiência vivida. O incansável racionalismo de Ivan o leva à loucura, enquanto a fé de Aliócha o chama a uma vida de perdão, amor e sentido, mesmo quando a dúvida persiste. O leitor gosta de ambos os personagens e sente empatia com seus pontos de vista.

Acho que Fiódor Dostoiévski foi capaz de transmitir tanto o ateísmo de Ivan quanto a fé inocente de Aliócha de modo tão vívido e empático porque tanto a crença quanto a descrença viviam e lutavam dentro dele. Aliócha e Ivan eram os dois pares de olhos pelos quais a vida ensinava Dostoiévski a ver o mundo. Sua infância foi uma contradição entre amor, fé e dor. Seus pais gostavam dele profundamente e mostraram-lhe uma fé viva, mas, como a criança que sofria na história de Ivan, Dostoiévski sofria de frequentes convulsões e ficava perplexo com o isolamento e a dor dessa experiência. Como jovem escritor, ele foi preso e condenado à execução junto com seu círculo de escritores por ser um intelectual radical. O pelotão de fuzilamento se deteve apenas instantes antes que a ordem para atirar fosse dada. Depois ele serviu quatro anos em um campo de prisioneiros na Sibéria, seguidos por dois anos de serviço militar compulsório. A sordidez e crueldade que ele experimentou no exílio são vividamente retratadas em seus romances, muitos dos quais são visceralmente perturbadores, desvelando a mais sombria depravação da natureza humana.

Ao entrar no trem para a Sibéria, uma mulher lhe deu um exemplar dos quatro Evangelhos, o único livro que lhe permitiram levar consigo ao exílio. Ele se tornou devotado à figura de Jesus, até obcecado. Esse pequeno livro foi um estímulo para ele em seus piores anos, mas ele lutava profundamente para reconciliar as profundas trevas e sofrimento que ele havia vivenciado com o amor de Deus. Quando foi libertado da prisão, fisicamente fraco e psicologicamente traumatizado, escreveu à mulher que lhe dera os Evangelhos, dizendo que ele havia sido "um filho da descrença e da dúvida até este momento, e estou certo de que assim permanecerei até o túmulo".[2] Como Ivan, Dostoiévski era assombrado pelo espectro de todo o sofrimento secreto no mundo; era honesto demais para refrear suas dúvidas, e sincero demais para fingir ser um crente. E, apesar de ser tão assombrado pelas trevas do mundo, Dostoiévski era ainda mais assombrado por Cristo. Como Aliócha, ele não conseguia extirpar a história do cristianismo de seus ossos: o Deus que se inclinou para o mundo, entrou no sofrimento da criança solitária, recebeu cicatrizes em seu corpo divino. Instruído pelo mistério das estrelas e galáxias que ele amava observar, ele veio a alcançar uma fé enraizada no amor e no maravilhamento. Como Aliócha, ele escolheu Cristo não meramente porque fosse o que era mais lógico fazer, mas porque a vida era mais essencial, mais bela, mais real, mais coerente, quando ele vivia como se aquilo fosse verdade.

Em "O peso da glória", C. S. Lewis escreveu: "Creio no cristianismo assim como creio que o sol nasceu, não apenas porque o vejo, mas porque, por meio dele, vejo tudo o mais".[3] Lewis achava que havia uma diferença entre olhar para algo e olhar por meio de algo. Em um de seus ensaios mais penetrantes, ele descreve um momento em que estava em um galpão de ferramentas e viu um raio de luz atravessar a escuridão empoeirada. Olhando para o raio de sol, é possível dizer-se várias coisas sobre ele e descrevê-lo. No entanto, se você entrar *dentro* do raio de sol, se olhar *através* dele, ele lhe proporcionará algo que você jamais experimentaria do lado de fora, fitando-o à distância. Ivan estava disposto apenas a olhar para o raio de sol da fé, mas Aliócha queria ver por meio dele. Talvez Ivan tivesse boas razões; ele temia ser envolvido, que tudo fosse uma ilusão. E talvez seja. Há sempre um risco na fé. Qualquer um que lhe disser outra coisa provavelmente está tentando vender algo. Mas todos temos fé em algo. Até o ateísmo repousa na fé de que Deus não existe. Ele vê a vida através da luz sombreada da descrença, quer com fatalismo melancólico, quer com premência mortal. Ivan pode dizer a Aliócha: *E se Deus não existir?* Mas Aliócha pode responder corretamente: *E se Deus existir?*

Aliócha estava disposto a ficar dentro do raio de luz, a ver por ele e através dele, a deixá-lo permear sua percepção e experiência. Até nos dias em que tudo parecia muito improvável, o cristianismo dava mais sentido a sua vida estilhaçada. Se fosse uma mentira, era uma bela mentira que o chamava a doar sua vida, a ver graça em tudo, a crer que nada está perdido para sempre. Não era uma simples consolação soporífera diante da morte; era um toque de clarim para a generosidade, o perdão. Não tornava tudo mais fácil, mas tornava significativo, suportável, vívido. Na velhice, Dostoiévski costumava dizer: "Mesmo se alguém me provasse que a verdade está fora de Cristo, eu escolheria permanecer com Cristo em vez de com a verdade".[4] Talvez isso soe como uma heresia a alguns ouvidos, e fé cega para outros, mas acho que ele entendeu algo essencial. A fé não é meramente afirmar declarações que sabemos comprovadamente serem verdadeiras; é caminhar à luz de um mistério que não conseguimos entender, mas que ilumina o caminho diante de nós. Podemos olhar para o sol, cegando-nos na tentativa de compreender aquilo que só pode ser entendido na luta de carne e osso da vida. Ou podemos permanecer sempre fora do raio, com medo de sermos enganados. Ou podemos entrar dentro do raio. Saborear. Ver.

A luta entre fé e desespero estava no cerne de minha batalha pela felicidade. Certa vez perguntei a minha mãe se ela ainda me amaria se eu fosse agnóstica durante toda a vida. Ela respondeu imediatamente:

— É claro que sim.

E, quando dei um suspiro de alívio, ela comentou:

— Mas acho que você seria mais feliz com Deus.

E ela estava certa. Sei que, quando permaneço dentro da fé, quando vejo através de seus raios, encontro a beleza, uma ressonância interior. Minha vida faz mais sentido; encontro em mim mesma algo vital e incansável. Às vezes hesito, receosa de ser enganada ou cansada de sofrer, mas o raio está sempre lá. A pergunta não é se ele está lá, mas se escolherei ver por ele, viver por ele.

Os sentimentos de crença e descrença podem ir e vir, mas cada um de nós deve escolher o sol pelo qual viver.

As frágeis asas da fé

A primeira coisa que aconteceu foi que meu iPhone começou a tocar "Jesus' Blood Never Failed Me Yet". Cheguei a ofegar, e lágrimas me vieram imediatamente aos olhos. A fé palpitava, cansada, mas viva em meu peito.

A primeira vez que escutei a versão de Jars of Clay dessa canção eu estava na faculdade e achei-a estranhamente tocante. Anos depois, soube que o arranjo original da canção era de Gavin Bryars, em 1971, criado quando ele estava compondo a trilha sonora para um documentário sobre pessoas sem-teto em Londres. Enquanto pesquisava centenas de horas de filme, ele deu com algo que achou realmente notável: um sem-teto, em seu perfeito juízo, calmo, cantando a melodia de um hino que soava familiar e, no entanto, não identificável, com esse coro simples:

O sangue de Jesus nunca me falhou, nunca me falhou,
nunca me falhou,
Só isso eu sei, que ele me ama muito.

Bryars percebeu que a canção formava um *loop* perfeito, e sua curiosidade de compositor foi despertada. Ele começou a acrescentar à faixa cordas simples, crescendo em profundidade a cada repetição. Ele não pretendia usar a composição para o documentário; só sentiu que era importante fazer aquilo. Certo dia, deixou a faixa tocando em um *loop* e saiu para fazer uma xícara de café. Quando retornou ao seu cubículo, foi surpreendido por um silêncio incomum. Seus colegas de escritório estavam escutando o *loop*, cantando junto à entrada do escritório. Estavam melancólicos, silenciosos, os olhos de alguns marejados de lágrimas. Algo naquela música era verdadeiro, profundo, inexprimível.

Contaram-me essa história em uma palestra sobre teorias de expiação durante meu curso de mestrado. A história foi relatada ao final de uma palestra em que analisamos várias teorias sobre como podemos entender a morte e a ressurreição de Cristo para permitir a salvação — a teoria do resgate, de que Deus nos resgatou do poder do diabo; a teoria da satisfação, de que Jesus cumpriu as demandas perfeitas de Deus para que não tivéssemos de fazê-lo; a teoria do bode expiatório, em que Jesus remove a mancha de nosso pecado. O professor apontou que a soteriologia (a teologia da salvação) nunca foi uma questão de ortodoxia conciliar; embora os concílios de Niceia tenham emitido regras sobre as naturezas de Jesus ou a doutrina da Trindade, nenhuma palavra definitiva jamais foi dada sobre a natureza da salvação. Para ser um cristão fiel e ortodoxo, não é necessário explicar como a morte de Jesus o salva; é necessário apenas saber que ela o faz.

— Apesar de todos os nossos debates teológicos, todas as nossas análises de palavras e todas as distinções importantes — disse nossa professora —, tudo o que a igreja pede de nós é que façamos uma declaração tão simples quanto a desse homem. Não explicar, mas confiar em que o sangue de Jesus executa a obra que não podemos executar.

E então ficamos sentados juntos na classe, escutando calmamente a voz frágil cercada e elevada pela beleza vivente das cordas. O arranjo honrava a simples confissão do homem idoso, cercando-a suavemente, elevando-a, fazendo essa declaração vinda da sarjeta soar como uma canção dos mártires no paraíso. Ocorreu-me que o arranjo era uma bela corporificação da graça, rodeando uma declaração bruta, honrando-a e fazendo com que ela fosse o bastante. Não é isso o que Deus faz com nossa fé? Ele pega as sementes de mostarda de nossos testemunhos balbuciados e reforça-as com a melodia de sua graça, rejubilando-se nelas, elevando-as, tornando-as suficientes.

"Eu creio, mas ajude-me a superar minha incredulidade" (Mc 9.24).

E o Senhor ajudou.

Naquele momento, entendi que a crença não é algo que executamos, algo pelo qual somos salvos. Esse papel cabe ao evangelho: que nós somos infelizes, que fazemos a nós mesmos infelizes, que não conseguimos nos salvar de nós mesmos, mas que Deus nos ama e, em sua misericórdia, nos salva, sem pedir nada em troca além de que vivamos na integridade e união para a qual fomos concebidos. Minha dúvida me tornou infeliz, e achei que poderia me salvar por meio da crença. Eu havia feito a mim mesma infeliz, repetidas vezes, tentando reunir, nutrir e conservar uma crença segura o bastante para me salvar do inferno de minha própria incerteza. Mas isso não é fé; é encenação; é medo; é certeza. A fé é confessada como um pecado lançado à misericórdia de Deus. E Deus torna belas nossas confissões. Essa foi a graça que sempre experimentei na dúvida, Deus fazendo com que minhas confissões gaguejantes fossem suficientes, não pedindo mais de mim além de sussurrar para mim mesma na sarjeta de minha incerteza e confiar em que o sangue de Jesus não iria me falhar.

Para meu grande embaraço, lágrimas me brotaram aos olhos. Tentei pestanejar em silêncio para afastá-las, sem sequer erguer a mão para conter a maré. A professora olhou diretamente para mim. (Como ela sabia?)

— É bela, não é?

Sim, era.

Tudo isso me voltou ali na torre. Lágrimas rolaram pelo meu rosto, e uma paz tangível me invadiu. Ri de mim mesma. *Isso? Outra vez?*, pensei. Será que algum dia vou aprender? Caí de novo na velha armadilha de me esforçar demais para crer a fim de me poupar do sofrimento, da dor, da descrença? Jesus havia, uma vez mais, colocado minhas mãos sobre suas feridas e dito: "Não seja incrédula. Creia!" (Jo 20.27). E, naquele momento, cri. Cri de todo o coração. Foi um alívio, mas sem garantia. Mas quando eu *entenderia*? Quando conseguiria descer daquele carrossel? Quando saberia ou desistiria de saber?

> **Soube que não fora meu esforço que me havia mantido na fé durante todos aqueles anos, como eu às vezes gostava de pensar. Fora a graça.**

Posso duvidar depois disso?, pensei comigo mesma, ansiosamente. *Será esta a última vez?*

Ouvi em meu coração a resposta: *Sim, e você duvidará novamente.*

E eu sabia que seria assim. Sabia que haveria outros dias em que tudo pareceria muito improvável. Dias em que a dor, o medo ou o cansaço turvariam minha visão. Dias em que eu voltaria a tentar salvar a mim mesma pelo esforço, encenando a crença, provando a Deus (como se ele precisasse de minha ajuda) que ele existe. Haveria dias em que eu me esqueceria de Deus. Dias em que tudo pareceria esforço demasiado. Por um instante, vi claramente a mim mesma, e soube quão frágil, volúvel e frenética eu era. E soube que não surpreendia Jesus nem um pouco. Soube também que não fora meu esforço que me havia mantido na fé durante todos aqueles anos, como eu às vezes gostava de pensar. Fora a graça, uma força absolutamente fora de mim. Suplicando, apelando, sustentando. Clamando para mim em sermões e sacramentos, no nascer do sol e em playlists. Eu havia sido segura, embora não me segurasse. E sempre seria.

Foi então que a segunda coisa aconteceu.

Na periferia de minha visão, senti uma tremulação, um movimento de asas. Uma borboleta pousou no parapeito dentro da torre. De onde ela viera? Eu estava no segundo andar, e todas as janelas estavam bem fechadas. Não era ainda a temporada de borboletas. Estávamos no início da primavera, e o ar estava gelado, às vezes lançando geada sobre os rostos voltados para o alto dos narcisos. Ela ficou pousada, abrindo e fechando as asas cor de ferrugem, tão frágeis e inegáveis quanto a fé renascida em meu peito.

Estendi-lhe a mão. Ela se dignou a pousar em meus dedos. Abri a janela, o ar gelado da manhã soprando vida e cor ao meu rosto. Ela fremiu e então saltou, esvoaçando na luz azul clara da manhã quando uma rajada de vento a impeliu.

Foste tu que a enviaste a mim, Senhor?, perguntei.

Sim, e farei isso novamente.

Para ler

"Gralha negra em tempo de chuva", de Sylvia Plath

Para ver

"A incredulidade de São Tomé", de Caravaggio

Para escutar

"Jesus' Blood Never Failed Me Yet", de Gavin Bryars
"Hard to Get", de Rich Mullins

Para refletir

Todas essas obras de arte retratam as ambiguidades da crença, fé e dúvida. Sylvia Plath conta a história de uma "descida rara e aleatória" que a lembra dos anjos e da presença de Deus mesmo quando ela menos a espera ou deseja. Caravaggio mostra que Cristo estava mais do que disposto a provar que as dúvidas de Tomé estavam erradas, guiando-lhe as mãos até as feridas de seu corpo depois da ressurreição. Rich Mullins reclama de Deus por se fazer de difícil ao mesmo tempo que anseia pelo consolo da presença de Deus.

Como tem sido sua jornada de fé? Por que você sustenta as convicções religiosas que sustenta? Você se parece mais com Aliócha ou Ivan?

8

Aceite o amor

A autorrejeição é o maior inimigo da vida espiritual, porque contradiz a voz sagrada que nos chama de "Amados". Ser o Amado expressa a verdade central de nossa existência [...]. Corro ao redor em grandes ou pequenos círculos, sempre procurando por alguém ou algo capaz de me convencer de que sou Amável.

Henri Nouwen, *A vida do Amado*

Era Quinta-Feira Santa e eu quase não fui à igreja.

Tinha havido um incêndio no jardim do meu vizinho na semana anterior. Minhas janelas estavam abertas no momento, o que fez com que as paredes ficassem pretas e os lençóis impregnados com um odor ruim, insalubre. Depois de vencer a suspeita deles de que eu havia, de algum modo, danificado todo o dormitório com minha pequena vela aromática, a universidade me arranjou um dormitório escuro, empoeirado, sem janelas em um conjunto de apartamentos de aparência soviética perto da praia para viver enquanto os consertos não terminavam. Tudo era muito inconveniente. Eu estava profundamente imersa em um ensaio de oito mil palavras cujo prazo de entrega seria logo depois da Páscoa, e o esforço extra de subir a colina íngreme até a cidade fazia tudo parecer demasiado. Depois do almoço, fiquei deitada na cama fitando o teto com textura de pipoca, ponderando se realmente precisava ir à igreja. Mas os escrúpulos me tomaram e, levada por uma mistura de culpa e desejo, resolvi ir.

Hesitei o suficiente para chegar tarde e, assim, entrei apressada na igreja ao final do primeiro hino. Aproveitando-me da cacofonia abafada do arrastar de sapatos e rangidos dos velhos bancos de madeira quando todos se sentaram para a leitura do evangelho, deslizei para o único assento disponível que não tornaria minha chegada muito evidente: o canto da fileira de trás. As leituras se aceleraram em um zumbido, e minha mente vagueou até o reverendo Ambrose adentrar o centro da congregação, o brilho quente de velas iluminando seus óculos perfeitamente redondos junto com o cordão dourado do evangelho com belas letras em alto relevo que ele segurava. Ele beijou o livro e então anunciou calmamente, em sua maravilhosa voz de tenor:

— Leitura do Evangelho segundo João.

Em seguida entoou, com a boca exatamente na forma de um ovo, a seguinte passagem:

> Jesus sabia que o Pai lhe dera autoridade sobre todas as coisas e que viera de Deus e voltaria para Deus. Assim, levantou-se da mesa, tirou a capa e enrolou uma toalha na cintura. Depois, derramou água numa bacia e começou a lavar os pés de seus discípulos, enxugando-os com a toalha que estava em sua cintura.
>
> Quando Jesus chegou a Simão Pedro, este lhe disse: "O Senhor vai lavar os meus pés?".
>
> João 13.3-6

É a última cena no Evangelho de João antes da traição, julgamento e crucifixão de Jesus. Ponderei sobre a notável estranheza da passagem. Sabendo que estava prestes a ser executado, seria de se pensar que Jesus faria algo grandioso, estratégico, impressionante. Mas não. Sabendo que Deus lhe dera autoridade sobre todas as coisas, sabendo tudo o que aconteceria — o sofrimento, os insultos, a dor —, ele lavou os pés dos discípulos. Sabendo que um deles o iria trair e levar à morte, outro o iria negar e os restantes se dispersariam quando de sua prisão, ele lavou-lhes os pés. Sabendo que ressuscitaria e venceria a morte, ele lavou-lhes os pés. Seu rabi, mestre, amigo, lavou-lhes os pés. O tão esperado Messias lavou cento e vinte dedos de pés sujos.

Sabendo que um deles o iria trair e levar à morte, outro o iria negar e os restantes se dispersariam quando de sua prisão, ele lavou-lhes os pés.

Se eu fosse inventar uma religião, pensei comigo mesma, *não inventaria assim.*

Perdida em digressões, não me lembro de mais nada da cerimônia até que um recepcionista me tocou suavemente o ombro.

— Ele quer lavar seus pés — sussurrou ele, quase inaudivelmente.

Tentei não parecer horrorizada quando ele fez um gesto apontando a nave lateral, onde um punhado de pessoas tirava obedientemente os sapatos e meias. Comecei a me dar conta de que seria uma impossibilidade prática lavar os pés de todos de um modo ordenado e eficiente, então apenas aqueles que se sentavam nas extremidades das fileiras teriam aquela honra.

Sentindo grande remorso por ter chegado tarde e sentado naquele local amaldiçoado, assenti com a cabeça e comecei a tirar os sapatos para que o recepcionista soubesse que eu havia entendido.

Comecei a desamarrar os laços de meus tênis, cujos padrões florais de outrora eram agora quase indiscerníveis depois de excessivos dias chuvosos e caminhadas na lama. Geralmente eu não usaria esse tipo de calçado na igreja, mas, em minha pressa de chegar, não tive tempo de trocar de calçados depois de um longo dia andando até a cidade e de volta de lá. Inspecionei minhas meias desemparceiradas com uma pontada de embaraço; estavam coladas aos pés desde a tempestade do início do dia. Ao tirá-las, deixei à mostra meus pés enrugados, rosados e inchados. E, ai, ai, ai!, eles fediam. A biologia geralmente nos torna acostumados ao nosso próprio fedor, então é um sinal terrível se a gente consegue sentir o cheiro dos *próprios* pés.

O reverendo Max estava fazendo a lavagem, enquanto o reverendo Ambrose ficava corajosamente ao lado dele com água fresca e uma toalha. O reverendo Max é um sacerdote idoso, de cabelos brancos como a neve, uma barba com costeletas e olhos ardentes, azuis-gelo. Trajava uma estola roxa, cujos ombros grandes demais se projetavam como uma armadura. Ele treme um pouco quando anda e fala, mas há uma força rígida em sua presença. Os meus eram os últimos pares de pés a serem lavados e, enquanto eu contemplava a lenta jornada dos clérigos rumo ao meu canto escuro da igreja, um temor envergonhado começou a se formar em meu peito. Eu não havia planejado ter outro ser humano me tocando naquela noite, e muito menos tocando a parte mais usada, cansada e suja de mim.

Finalmente, chegou a minha vez.

Com dificuldade, o reverendo Max dobrou os joelhos quando lhe apresentei meus repulsivos pés. Ele introduziu delicadamente meu pé na água morna. Não foi nenhum lava-pés simbólico; ele realmente lavou meus pés minuciosamente e enxugou cada dedo com a toalha, como se eu fosse uma criancinha a ser agasalhada no berço depois de um banho quente. E então, com solene dignidade e inexprimível delicadeza, inclinou-se até o chão, com a cabeça branca trêmula, e beijou meus pés.

Lágrimas afloraram-me aos olhos, vindas de algum abismo profundo e intocado em meu coração. Eu não sabia para onde olhar. Quando o reverendo Max se ergueu, com esforço e dignidade, uma oração manifestou-se em meu coração:

O Senhor vai lavar os meus pés?

Tudo o que me lembro depois disso foi de sair para o ar úmido de primavera e contemplar a luz dourada do entardecer banhando as pedras quebradas do calçamento. Pensei na velha catedral, cujo corpo destroçado fora usado para construir muitos lares na velha cidade cinzenta. Era como Jesus, que amava tanto que aceitara destruir seu próprio corpo.

No caminho de volta, parei diante da sala comunitária do dormitório de que eu estava temporariamente exilada. Meus amigos Aidan e Bruce se sentavam na ampla mesa usada frequentemente para jogos no centro da sala, inclinados sobre um iPhone, um tabuleiro de jogo interrompido e duas garrafas escuras entre eles, esquecidas em favor do que quer que estivessem olhando na pequena tela.

— Joy, venha aqui! — disse Bruce. — Você viu o que o papa fez?

Espiei por sobre o ombro dele e vi um artigo que mostrava o papa Francisco inclinado, como o reverendo Max estivera, lavando os pés de um homem corpulento em um uniforme de prisão cor de laranja neon. Nem Aidan nem Bruce são cristãos.

Mas nossas conversas são sempre interessantes, geralmente sinceras, e infalivelmente revigorantes em sua franqueza.

— Isso é fantástico — proclamou Aidan com autoridade.

— Jesus fez realmente isso? — perguntou Bruce, uma genuína curiosidade escapando de seu sorriso caracteristicamente cético.

— Sim. Ele fez — respondi.

— Gosto disso — declarou Aidan.

— Eu também — repliquei.

* * *

O rabino do século 20 Abraham Joshua Heschel escreveu:

> Na vida de todo mundo há momentos em que se ergue o véu no horizonte do conhecido, abrindo uma visão do eterno. Cada um de nós experimenta pelo menos uma vez na vida a monumental realidade de Deus. Cada um de nós capta pela menos uma vez um vislumbre da beleza, paz e força que flui pelas almas daqueles que são devotados a ele [...]. *Fé é fidelidade*, lealdade a um acontecimento, lealdade à nossa resposta.[1]

Aquela Quinta-Feira Santa foi um desses momentos para mim. Foi uma experiência que, não importa por onde eu vagueie, que dúvidas tenha, o quanto falhe, não conseguirei esquecer. Tenho uma estranha sensação de lealdade para com aquela lembrança, porque foi, no verdadeiro sentido da palavra, um apocalipse. Embora a maioria de nós associe essa palavra a zumbis e ao fim do mundo, seu significado é muito mais simples e belo: é um desvelamento, uma revelação, uma descoberta das coisas como realmente são. Enquanto testemunhava a cabeça idosa do reverendo Max se inclinar para beijar-me os pés, vi com súbita clareza o fogo que arde no coração do cristianismo: que Deus se tornou homem, não para dominar, esmagar e julgar, mas para cingir-se com uma toalha, lavar os pés dos discípulos a quem amava, dizer-lhes para amarem uns aos outros e então se entregar para morrer. Seu corpo dilacerado construiu a igreja, e um dia todo o cosmos será a ferida da qual a vida brotará de novo.

A Quinta-Feira Santa chama-se, em inglês, *Maundy Thursday*, derivando seu nome da palavra latina *mandatum*, que significa "mandamento", a tradução da Vulgata das palavras de Jesus: "Agora eu lhes dou um novo mandamento: Amem uns aos outros. Assim como eu os amei, vocês devem amar uns aos outros" (Jo 13.34). O serviço de lava-pés é um antigo serviço que reencena, desde os primeiros dias da igreja, a última noite de Cristo, quando o sacerdote lava os pés da congregação, tomando literalmente as palavras de Jesus: "E uma vez que eu, seu Senhor e Mestre, lavei seus pés, vocês devem lavar os pés uns dos outros" (Jo 13.14). E assim, todos esses milênios depois, ainda fazemos.

É fácil perder a sensação da estranheza e maravilha dessa história, vivendo em um mundo tão completamente convertido (e desconvertido) como o nosso. Mas é bom tentar captar essa sensação. Deus se revelando em humildade e vulnerabilidade não é algo óbvio, esperado. Em Filipenses, Paulo diz que Jesus, "embora sendo Deus, não considerou que ser igual a Deus fosse algo a que devesse se apegar" (Fp 2.6). Os deuses da Grécia e de Roma não lavavam os pés de seus seguidores; eles puniam, saqueavam e estupravam; era o que faziam. Eram volúveis, desconcertantes e imprevisíveis. Mas aqui temos Deus em Cristo, inclinado, gentil, lavando vinte e quatro pés sujos, dizendo-nos para fazer o mesmo.

Tudo isso eu vislumbrei na cabeça branca inclinada do reverendo Max, e senti um dever de viver em fidelidade a essa revelação, em "lealdade a um acontecimento", como Heschel diria. Nem sempre acho fácil essa fidelidade. Não porque seja uma história maravilhosa demais para se acreditar; o mundo está repleto de todos os tipos de coisas estranhas. E não porque seja difícil demais; tudo o que ele pede é que o deixemos nos lavar. Não, eu acho difícil porque acho difícil acreditar e realmente agir como se Deus tivesse sempre e verdadeiramente me amado. Porque às vezes acho que sou difícil de ser amada. Porque não consigo me livrar da suspeita de que nada é grátis, que com certeza, em algum momento, Deus se cansará de minhas falhas e descontrole e desistirá de mim. Porque acho difícil acreditar que ele possa inspecionar os lentos, enrugados e fedorentos pés de minha alma, e inclinar-se para beijá-los.

Acho difícil acreditar e realmente agir como se Deus tivesse sempre e verdadeiramente me amado.

O Senhor vai lavar os meus pés?

Sobre ser um(a) canalha a quem ninguém ama

Estúpida. Estúpida. Estúpida.

As palavras agressivas ressoavam em minha cabeça dolorida a cada tranco da corretamente apelidada "esteira rolante", uma colina longa e íngreme que levava à cidade. Já era tarde, num daqueles dias tempestuosos de abril, perto do fim do primeiro ano de meu doutorado. Eu havia me mudado para fora da cidade e lamentava diariamente minha escolha de viver ao pé da colina da qual fora exilada apenas temporariamente no ano anterior.

Gotas de chuva oblíqua e nebulosa respingavam nas lentes de meus óculos, e minha respiração pesada lançava uma nuvem de neblina em meu campo de visão. Tendo sido parcialmente cegada, meu pé direito pisou em uma pequena poça de água que se formara onde deveria haver um tijolo, e torci o tornozelo. Foi a gota d'água. Eu vinha lutando para evitar o desastre, me esforçando demais para não ceder ao efervescente turbilhão de emoções que borbulhavam forçando a tampa de minha tranquilidade. Sentia-me inconsolavelmente zangada. Lágrimas quentes espontâneas rolaram pelo meu rosto, já molhado com a chuva gelada. Senti-me terrivelmente infeliz. Desejava ser outra pessoa.

E agora, para piorar tudo, minhas meias estavam encharcadas.

Eu estava tendo um tipo de crise de identidade, porque fracassara, de uma forma que me parecia monumental, em algo em que eu geralmente era boa. Momentos como esses muitas vezes revelam as profundas suposições que fazemos sobre nós mesmos, e aquela temporada revelou que eu baseava muito do meu valor no que era capaz de *fazer*, no que podia *realizar* e em quão útil eu era. Ter o que me parecia um aspecto seguro dessa identidade arrancado de baixo de mim me fez balançar e procurar desesperadamente por algum meio alternativo de validação.

Todos temos tendências disfuncionais, hábitos que desenvolvemos para nos ajudar a lidar com a vida que não são, na verdade, nem um pouco úteis. Um dos meus é um senso exagerado de minha capacidade de Lidar com a Vida. Creio que todo e qualquer problema pode ser resolvido se eu apenas pensar estrategicamente e me esforçar o bastante. Infelizmente (para minha própria alma!), esse método geralmente funciona, porque sou uma pessoa bastante competente. Mas esse método contém um claro e grave inconveniente: se todos os problemas podem ser resolvidos pela pura mágica da nossa força de vontade, então todos os problemas são, em última análise, nossa própria culpa. Assim, eu buscava freneticamente ser útil, prestativa, amável, esperando que isso desse sustentação ao meu senso de identidade em frangalhos. Bondade, prestatividade e competência são boas aspirações. Entretanto, se o seu valor está ligado ao que você faz, toda ação, não importa quão simples, se torna uma ameaça existencial, uma prova favorável ou contrária à sua capacidade de inspirar amor.

Foi quando comecei a ser a protagonista de um enredo macabro que se desenrolava periodicamente repetidas vezes. Eu me esforçava demais para ser útil, agradável e perfeita, mas acabava desmoronando sob o peso de minha própria pressão; em seguida, me tornava muito desagradável, difícil ou ineficiente, o que me levava a me sentir culpada; e, finalmente, voltar ao primeiro estágio de me esforçar ao máximo para provar que eu era digna. Eu insistia nesse ciclo de Sísifo, afundando cada vez mais em uma exaustão deprimida. Em todo aquele turbilhão de esforço, exaustão e ódio a mim mesma eu estava buscando uma prova definitiva de que eu era boa, amada, aceitável. Esse amor me era oferecido nos rostos de amigos e familiares preocupados, mas minha lógica venenosa me tornava impossível aceitar ou crer nele. *Você pode me amar quando eu me provar digna desse amor* era o argumento inconsciente por trás de minha busca febril por segurança.

Era muito tolo, mas também muito triste.

Não aceitar o amor é como pregar uma peça muito estúpida na gente mesmo, em termos existenciais.

Se não temos a questão da identidade resolvida pela aceitação do amor, os riscos são muito elevados. Se sentimos que nossa identidade, valor e capacidade de inspirar amor estão em questão, então em toda experiência, relacionamento e realização nós procuramos a prova final de que podemos ser aceitos. Se nosso sentido de identidade não estiver enraizado e assegurado no infinito amor de Deus, passaremos toda a vida lançando relacionamentos, empregos, realizações, religiosidade e beleza pessoal em um abismo infinito que apenas a delicadeza de Deus consegue preencher. As pessoas não são pessoas para nós; são confirmações de nossa capacidade de inspirar amor. Empregos não são empregos; são provas de que realmente somos úteis e valemos algo. A adulação é uma corda de salvamento; cada rejeição confirma nossas piores suspeitas.

Nós nos transformamos no passarinho do livro infantil *Você é minha mamãe?*. A cada experiência, realização e relacionamento, perguntamos: "*Você é a prova final e definitiva do meu valor e de que mereço ser amado?*".

Ao que cada atividade ou pessoa responde resolutamente: "*Não sou a prova final e definitiva do seu valor e de que você merece ser amado. Sou meramente um artigo acadêmico / relacionamento romântico / oportunidade de emprego / sua mãe / irmão / melhor amigo*".

Não aceitar o amor nos transforma em grandes canalhas, o que então se torna uma profecia fadada a se cumprir sobre por que as pessoas não iriam nos amar. Embora possa parecer humilde, o ódio a si mesmo é o orgulho rastejante de Uriah Heep; a certeza de que se sabe mais do que ninguém, inclusive Deus. Deus, o criador supremo, onisciente e fonte da vida, o ama. Se Deus diz que você é digno de amor, caramba, você é digno de amor! Na verdade não cabe a você decidir. Francamente, quem você pensa que é para duvidar da decisão de Deus de amá-lo? Quão elevada é a opinião que você tem de si mesmo que o faz pensar que possa dizer a Deus que, na verdade, Deus entendeu errado e não deveria amá-lo? E quanto aos seus amigos? Seus amigos o amam. A decisão é deles. Recusar a bondade e generosidade que as pessoas lhe oferecem de livre e espontânea vontade é não apenas o cúmulo do orgulho, é o epítome da ingratidão!

Ironicamente, recusar o amor de Deus e dos outros mostra uma tendência de nos tornarmos intensamente autocentrados. Quando estamos tão absorvidos pensando sobre nós mesmos e quão detestáveis somos, não há espaço para pensarmos nas outras pessoas. Não temos a capacidade de amar as pessoas sem tentar transformá-las na solução para nosso profundo abismo de solidão. Não somos capazes de realizar um trabalho pela pura alegria do trabalho bem-feito, e não porque precisamos nos legitimar como membros valiosos da sociedade e que contribuem para ela. O mundo todo se torna uma extensão da nossa necessidade de sermos legitimados, vistos, amados, aprovados. E quando todo o mundo é apenas tão grande quanto nossa própria dor, é um universo muito limitado e mal-humorado, sem dúvida.

Eu estava trancada na jaula de minha própria insegurança. O que eu precisava era de amor. O que eu precisava era de alguém que retirasse minhas meias molhadas e lavasse meus pés. Os amigos e familiares se ofereceram, cada um a seu modo, e a lembrança do reverendo Max estava sempre comigo. Mas o amor falava em um tom diferente naquele ano. Pensamos no amor como algo suave e cálido, como um cobertor que nos envolve.

Mas às vezes ele é tão gelado e límpido quanto um vento primaveril, despertando-nos e endireitando nossa coluna vertebral. Às vezes o amor é uma repreensão. Talvez Pedro estivesse tentando ser humilde quando recusou a oferta de Jesus de lhe lavar os pés, mas as palavras de Jesus em resposta a Pedro naquele momento foram claras, e eram as palavras que eu precisava escutar:

"*Se eu não os lavar, você não terá comunhão comigo*" (Jo 13.8).

Amor, o que há de mais verdadeiro

Deixe-me lhe dizer o que há de mais verdadeiro sobre você: antes que você fizesse qualquer coisa útil, dissesse algo inteligente ou ajudasse alguém, você era amado. Depois que você falhou, desapontou alguém ou fez algo idiota, você era amado. Você não é amado por causa de qualidades que possam desaparecer com a idade. Você não é amado com base no que você se tornará algum dia. Você é amado completamente, eternamente e neste exato instante. Fundamentalmente, você é um filho amado de Deus. Se alguém lhe perguntar "Quem é você?", a resposta mais correta que você pode dar é: "Sou alguém que é amado por Deus".

Ninguém parece ter sabido disso melhor do que o apóstolo João. Ao longo de seu Evangelho, ele se refere misteriosamente ao "discípulo a quem Jesus amava", que fazia várias coisas, muitas vezes aparentemente mesquinhas: perguntar quem trairia Jesus, receber Maria como sua mãe ao pé da cruz, ser informado sobre a ressurreição, tomar o café da manhã com Jesus ressuscitado, brigar com Pedro sobre o futuro. Nos parágrafos finais, no que parece uma grande revelação, ele identifica seu próprio Evangelho como o testemunho do "discípulo amado", que é também ele mesmo.

Essa expressão tem intrigado muitos ao longo dos séculos. Por que João se refere a si mesmo dessa forma? Jesus não amava todos os discípulos? Talvez fosse porque não foi João quem escreveu o Evangelho, mas algum outro discípulo misterioso. Ouvi muitos pastores especularem que João gostava de ostentar o fato de ser amado diante dos outros discípulos. (Ele até faz questão de mencionar que chegou ao túmulo vazio antes de Pedro.)

Não sou nenhuma especialista na Bíblia, mas tenho minha própria teoria. Acho que João chamava a si mesmo de "o discípulo a quem Jesus amava" porque suas experiências com Jesus o fizeram ver a capacidade de inspirar amor como o que havia de mais importante nele. Como Heschel, em seu Evangelho e epístolas João descreve a fé cristã não como um conjunto de ideias ou convicções teológicas, mas como uma experiência, um acontecimento em torno do qual toda a vida de alguém é orientada. Mas, no caso de João, não era apenas um "vislumbre da beleza, paz e força", mas também de alguém "cheio de graça e verdade" (Jo 1.14). Gosto de imaginar que, entre aqueles diversos momentos, talvez o lava-pés tenha se destacado para João como o momento em que ele realmente conheceu Jesus, realmente entendeu o que Deus quis dizer ao se tornar carne e habitar entre nós. Deve ter sido esse momento que ele tinha em mente quando, muitos anos depois, já idoso, ele escreveu estas palavras para uma igreja desorientada e desencorajada:

Você é amado completamente, eternamente e neste exato instante.

> Deus mostrou quanto nos amou ao enviar seu único Filho ao mundo para que, por meio dele, tenhamos vida. *É nisto que*

consiste o amor: não em que tenhamos amado a Deus, mas em que ele nos amou e enviou seu Filho como sacrifício para o perdão de nossos pecados. Amados, visto que Deus tanto nos amou, certamente devemos amar uns aos outros. Ninguém jamais viu a Deus. Mas, se amamos uns aos outros, Deus permanece em nós, e seu amor chega, em nós, à expressão plena.

1João 4.9-12, itálicos meus

É nisto que consiste o amor. Nessa passagem, escuto os ecos das palavras de Jesus naquela noite fatal: "Agora eu lhes dou um novo mandamento: Amem uns aos outros. Assim como eu os amei, vocês devem amar uns aos outros" (Jo 13.34). Em minha mente, vejo Jesus inclinado, lavando os pés que logo iriam fugir dele enquanto ele caminhava sozinho para a cruz, os pés de pessoas que se mostrariam volúveis e frágeis, que brigariam umas com as outras, que ficariam confusas e cheias de medo. Acho que, naquele instante, João viu que o amor de Deus é sempre o primeiro gesto, e que jamais falhará. Acho que toda a vida dele foi vivida em fidelidade a esse instante de revelação. E, depois daquele momento, ele não era mais meramente "João".

Ele era "o discípulo a quem Jesus amava".

E eu também.

E você também, mesmo que não o saiba ainda. É isso o que é ser cristão. Saber que você é alvo do amor de Deus, que o concebeu e o sustenta, e irá redimi-lo. A questão não é se esforçar ainda mais do que o habitual para não ser um canalha egoísta, mas parar de tentar provar que não é um canalha egoísta. Isso significa que você está a salvo nesse amor. Está resolvido. É assim que é. Nada, nenhum fracasso ou dor, pode mudar esse que é o mais inalterável dos fatos sobre você.

Eu acredito verdadeiramente que não se pode ser feliz neste mundo até se saber que se é amado, até o fundo da alma, até os dedos sujos e fedorentos dos pés, os quais Jesus ficaria feliz em lavar. Esse amor garantido é o que possibilita que se pense nas outras pessoas.

Quando essa questão está resolvida, tudo o mais também está. É só quando entendemos que Deus nos ama que conseguimos nos sentir fundamental e permanentemente bem, que somos capazes de nos entregar plenamente nos relacionamentos sem nos perder, que podemos nos dedicar a obras dignas e desfrutar das experiências. É possível perder-se e não estar perdido. É possível gostar de coisas — amizade, romance, trabalho — como dádivas quando não se tem mais que agarrá-las como provas de seu valor existencial. E isso o liberta para ser corajoso. Você pode se esforçar imensamente, porque, se cair, será em braços gentis.

Não se deixe enganar: perdi grande parte de minha vida fingindo que isso tudo não era verdade. Emaranhada em nós de insegurança, dever e medo de fracasso, forçando-me ao máximo para sentir que merecia a bondade de meus amigos. No entanto, se eu pudesse ter um prazer nesta vida, seria o de ajudar alguém a não ficar tanto tempo lutando com essa questão quanto fiquei. Ainda me sinto triste e solitária às vezes, ainda me vejo caindo na chamada síndrome do pato, pela qual a pessoa aparenta calma exteriormente enquanto, por dentro, sente-se extremamente inquieta. Eu me agitava furiosamente debaixo d'água para provar meu valor enquanto tentava manter a compostura na superfície. Entretanto, depois daquela Quinta-Feira Santa, algo realmente mudou. A questão do meu valor estava resolvida e, desde então, passei a apenas tentar viver como se fosse verdade. Estou escolhendo viver a vida em lealdade ao momento em que entendi que Cristo lavaria meus pés. Espero de todo o coração que você consiga fazer o mesmo.

Quase não fui à igreja naquela noite. Mas há algo maravilhoso em relação a isso.

Porque isso é amor: Não que eu amasse a Deus, mas que Deus me amava antes.

E você terá de confiar em mim a respeito disso: Deus o ama também.

Para ler

"Amor (III)", de George Herbert
A vida do Amado, de Henri Nouwen

Para ver

"Jesus lavando os pés de Pedro", de Ford Madox Brown

Para escutar

"Ubi Caritas", de Joel Clarkson (e eu! :))
"Oxygen", de King's Kaleidoscope

Para refletir

Essas obras de arte tratam do amor de Deus, que tudo abrange e nunca finda. George Herbert imagina Deus convidando-o para um jantar em que ele se sente envergonhado e pecaminoso demais para participar. O "Ubi Caritas", um dos hinos cristãos mais antigos, é tradicionalmente cantado na cerimônia de lava-pés da Quinta-Feira Santa e lembra aos cristãos o gesto de amor fundamental em que o cristianismo está enraizado. Ford Madox Brown mostra o sentimento de indignação dos seres humanos diante da ideia de Deus se inclinar para demonstrar amor em humildade.

O que melhor o define: o que você faz ou quem o ama? Você é bom em aceitar o amor? Como você viveria de modo diferente se soubesse e sentisse que era intensa, profunda e eternamente amado?

9

Espere o fim do mundo

> Os seres humanos [...] propõem teoremas matemáticos em cidades sitiadas, conduzem discussões metafísicas em celas de condenados à morte, fazem piadas diante de cadafalsos, discutem o último poema lançado enquanto avançam contra as muralhas de Quebec e penteiam os cabelos nas Termópilas. Isso não é *extravagância*; é a nossa natureza.
>
> C. S. Lewis, "Aprendizado em tempo de guerra"[1]

"O mundo vai acabar em doze anos."

Cliquei no artigo, perguntando-me quem seria suficientemente confiante em suas declarações para transformá-las em manchete do site da BBC. Esperava que fosse algum dos culpados usuais: um teórico conspiracionista louco que falava do calendário maia com cordas amarradas em uma galáxia de pinos em uma placa de cortiça, ou um pregador de rua alegando que o pecado que está na moda recentemente acabou de fazer, enfim, a balança pender em favor da total destruição da raça humana. O que vi foi algo bem diferente. Uma jovem deputada norte-americana, cabelos presos em um rabo de cavalo, com batom vermelho reluzente e uma expressão calma lhe adornando o rosto. Ela estava defendendo ações urgentes a respeito das mudanças climáticas, profetizando a danação iminente se nada fosse feito.

Enquanto assistia à entrevista coletiva da deputada à imprensa, lembrei-me de algo de que frequentemente parecemos nos esquecer: o mundo vai acabar. E você não precisa ser um maluco religioso para acreditar nisso. É simplesmente um fato.

Quando eu era pequena, havia uma moda literária lucrativa em torno do que poderíamos chamar de "ficção escatológica". A escatologia é o ramo da teologia referente ao fim do mundo, ou, mais precisamente, às "últimas coisas", já que *éschatos* significa "último" em grego e *ology* significa "estudo de". No cristianismo, essa expressão é geralmente associada às quatro "últimas coisas": morte, julgamento, céu e inferno. No século 20, algumas especulações bastante sólidas sobre o livro de Apocalipse deram origem a uma série literária cristã dedicada a imaginar como se pareceria o fim do mundo. Esses livros davam grande importância ao "êxtase" em que os verdadeiros crentes eram arrebatados ao céu enquanto todos os demais eram abandonados à desolação.

A série afetou a cultura cristã ao meu redor a tal ponto que estávamos sempre em algum ponto entre rir daquilo e a sensação de ficarmos levemente preocupados de que aquilo pudesse de alguma forma ser verdade. Quando eu descia as escadas esperando encontrar minha família, que de repente não estava lá, eu brincava comigo mesma que eles haviam sido "arrebatados" e às vezes meu coração chegava a bater um pouco mais rápido.

Deveríamos querer ser arrebatados, mas eu nunca achei isso atraente. Gostaria que Jesus voltasse, que tornasse tudo belo e novo outra vez, mas jamais gostei da ideia do fim do mundo. Gostava de estar viva, amava minha família, gostava de caminhar em nossa terra e sonhava em me casar um dia, ter uma macieira, um bando de filhos e escrever cinco ou dez romances. Por que iria querer ser arrebatada? Tudo aquilo me parecia muito desnecessário, mas eu também me sentia um pouco culpada a respeito disso, já que parecia ser algo que o cristão deveria querer. Depois que algumas previsões ousadas não se confirmaram, comecei a me sentir mais confortável em não me apegar muito ao fim do mundo. Afinal, Jesus não tinha dito que ninguém saberia o dia ou a hora?

Quando fiquei mais velha e me aventurei fora da vila dos Hobbits que era o meu círculo cristão, comecei a entender que aquela história do fim do mundo não é meramente algo religioso. Em sua forma mais secular, encontrei pela primeira vez um discurso referente ao fim do mundo quando competi em um campeonato de debates na escola. Começou com o medo da aniquilação nuclear total. Não é para assustar você, mas na verdade não seria tão difícil que todo o globo se tornasse inabitável se alguns atos políticos fossem mal conduzidos. A seguir, veio a questão das mudanças climáticas. Se os ambientalistas apocalípticos estiverem corretos, dentro de uma geração nosso pequeno globo pode ficar quente demais para nós. Nosso planeta pode continuar girando, mas e se não pudermos mais viver nele? Além disso, é claro, há sempre a possibilidade de que um cometa desgarrado possa se desviar e entrar como um bêbado em nossa órbita e nos explodir como fogos de artifício em dia de festa.

Mesmo que consigamos escapar de todos esses destinos, a morte térmica do universo quase certamente ocorrerá se/quando o universo chegar ao equilíbrio termodinâmico (entropia máxima). Essa é, na verdade, a melhor das hipóteses, porque não é provável que aconteça antes de vários trilhões de anos.

(Ora, é claro que eu pesquisei no Google "Quando acontecerá a morte térmica do universo?".)

Se você perguntar insistentemente a alguém — qualquer um! —, verá que a maioria das pessoas parece acreditar em algum tipo de evento de fim do mundo em que a vida como conhecemos será completamente destruída. Acho interessante que esses eventos geralmente envolvem algum tipo de julgamento. Os cristãos, é claro, pressupõem um juízo final. Jesus contou aquela parábola do trigo e do joio crescendo ao lado um do outro, como uma fotografia dos retos e dos maus que vivem um ao lado do outro até o fim dos tempos, quando Deus irá julgar verdadeira e justamente, e tudo será revelado (Mt 13.24-30).

É daí que vem nossa palavra *apocalipse*, que significa literalmente "descobrir" ou "revelar". O apocalipse é quando vemos de repente quem são os mocinhos e os vilões. Mas, no entendimento secular, também há julgamento e apocalipse. Destruir a vida como a conhecemos, quer pela destruição do planeta, quer pela irresponsabilidade com armas nucleares, seria uma forma de julgamento autoimposto, um fracasso final e completo dos esforços da humanidade para sobreviver. Mas talvez a maior revelação seja meramente esta: o universo material é, por sua própria natureza, não eterno. Esse universo material onde vivemos, respiramos e fazemos bebês e música não continuará para sempre. Quer gostemos, quer não, o mundo chegará ao fim. E, mesmo que não termine durante minha vida, eu terminarei. Eu morrerei, e todo o mundo estará morto para mim.

Os pregadores de rua dizem isso.

Os teóricos da conspiração o confirmam.

Mas o mesmo fazem as deputadas elegantes usando batom vermelho e falando calmamente.

O mundo sempre esteve acabando

Por que, talvez você pergunte, em um livro sobre felicidade eu estou opinando sobre a destruição final do universo físico? Suponho que seja porque passei boa parte de minha vida ansiosa a respeito do estado do mundo. E, mais do que isso, indagando-me como deveria viver se realmente estamos em tempos terríveis. E se nosso tempo for o "final dos tempos" (o que quer que isso signifique!)? Como viver quando o mundo está desmoronando? O que é importante? Será que é certo buscar alegria e beleza se a pior coisa que podemos imaginar acontecer com o mundo? É um grande obstáculo para a felicidade. E mais do que isso: é um desafio à felicidade; ele nos pergunta se ser feliz é não apenas possível, mas também moral.

Mesmo que o mundo não termine durante minha vida, eu terminarei. Eu morrerei, e todo o mundo estará morto para mim.

Lidei com isso de modo real pela primeira vez quando fui a Oxford para um semestre no exterior como aluna do último ano de faculdade. O mundo andava bastante instável então, e eu estava indecisa. Foi o verão em que o grupo terrorista Estado Islâmico estava empenhado em uma campanha sangrenta de raptar jornalistas, agentes humanitários e minorias religiosas e postando na internet vídeos horríveis de suas execuções. Havia boatos constantes de ataques aleatórios a aeroportos e espetáculos. O Reino Unido foi particularmente visado; dava medo viajar por lá, sozinha, o mais longe que eu jamais estivera de minha família. Eu estava tão entusiasmada por ir a Oxford! Tinha sonhado com isso por anos, mas, quando olhei para minha mala abarrotada de malhas, havia em minha garganta um nó de ansiedade. Fechei a mala e entrei na ponta dos pés no escritório de minha mãe. Subi em sua poltrona ampla e estofada como se fosse uma menininha e contei-lhe que estava assustada.

Tenho certeza de que ela guardava seus próprios temores sobre a filha de dezenove anos voar até o outro lado do oceano. Ela escutou com empatia, assentindo com a cabeça o tempo todo, sem falar muito. E então, como que em resposta à minha ansiedade, ela propôs que fôssemos olhar as estrelas. Há muito pouca poluição luminosa perto de onde moro no Colorado e, em uma noite clara, o céu fica tão coberto de estrelas quanto o nariz de um irlandês com sardas. Era final de verão, com o calor suficiente apenas para ser confortável e fresco o bastante para ser estimulante. Transportamos um velho acolchoado e algumas almofadas para o gramado do jardim, e nos deitamos de costas para ver o que era possível ver. E, puxa, havia tanto para ver! A Ursa Maior se movia magnificamente pelo céu, um planeta podia ser visto brilhando com intensidade vermelha, e uma poeira de estrelas espalhadas nos saudou. Pensei em como a luz das estrelas leva milhares de anos para chegar até nós. Isso fez com que me sentisse muito pequena, mas, de algum modo, segura. Independentemente do que aconteça neste nosso mundo, as estrelas em sua dança estável nos olham lá de cima, impassíveis diante de nossas ansiedades.

Mamãe e eu conversamos sobre as estrelas, sobre nossos temores, sobre quão misteriosa e frágil a vida parecia. Conversamos sobre Deus, e quão mais magnífico do que imaginamos ele deve ser. Quando o medo saiu de nosso coração, ela apertou minha mão e sussurrou:

— O Deus que sustenta as estrelas sustenta você.

Então eu parti. E fui muito feliz, mas a ansiedade ainda me assombrava. Creio que meu principal medo era que algo pudesse acontecer com minha família, e seria difícil ter acesso a eles e cuidar deles. É engraçado: vendo agora em retrospectiva, percebo quão perfeitamente segura eu estava, considerando tudo. Comparado ao ano da pandemia, com distúrbios, mortes e inquietudes, aquela época parece uma verdadeira temporada de paz. Mas a incerteza do mundo me deixou muito ansiosa, e minha mente estava repleta de imagens das piores coisas que eu podia imaginar acontecendo. Como conseguiria ir em frente se elas acontecessem?

Aconteceu que minha melhor amiga de infância estava estudando em Londres na época, então planejamos passar as férias de outono juntas. Sempre havíamos desejado ir à Irlanda, então não poupamos dinheiro e planejamos uma viagem de fim de semana. Foi uma comédia de erros chegar lá. Há quatro aeroportos perto de Londres, e havíamos, de algum modo, conseguido comprar duas passagens pela mesma companhia aérea ao mesmo tempo, mas de aeroportos diferentes. Foi estressante, mas uma de nós conseguiu trocar a passagem. E aí precisávamos ir até o aeroporto. Achamos que poderíamos rachar um táxi, mas, ao chegarmos à estação de trem às quatro horas da manhã (nosso voo era às seis e meia), ficamos consternadas ao descobrir que não havia táxis visíveis. Ficamos andando por uma Londres adormecida até encontrarmos o único lugar que estava acordado: uma boate pulsando com uma música dançante não identificada, onde pessoas aturdidas parecendo bêbadas se lançavam para fora e pegavam

Ubers. Um carro preto sem nenhuma sinalização de ser um táxi parou perto de nós:

— Precisam ir a algum lugar?

Rebecca e eu trocamos um olhar horrorizado.

— Parece um bom jeito de morrer — ela murmurou baixinho.

Erguendo as sobrancelhas, concordei, e saímos correndo o mais rápido que pudemos, nossas malas retinindo ao longo da calçada. *Fico muito feliz que minha mãe não saiba onde estou nesse momento*, pensei.

Conseguimos um táxi que nos deixou junto ao aeroporto *quinze minutos* (não estou exagerando!) antes do nosso voo, e de algum modo acabamos conseguindo embarcar. Comicamente, apesar de termos feito questão de reservar assentos na janela, nossos lugares eram ao lado de uma parede branca. Não obstante, espiamos pelos buracos entre os assentos da frente e vimos o sol nascer em Dublin.

Eu estava funcionando à base de adrenalina, sem dormir e faminta. Quase em seguida à aterrissagem, vi um alerta de notícias sobre um agente humanitário cristão que havia sido decapitado. Tentei me acalmar. Não havia motivo para ficar assustada. Aquilo não tinha nada a ver comigo, Dublin ou férias de outono, mas de certa forma lançava uma nuvem cinzenta de medo sobre mim. *O mundo não é seguro*, meu coração sussurrou. *Como podemos viver sob a neblina do medo? E se a pior coisa que eu podia imaginar acontecesse um dia? O que eu faria? Como conseguiria ir em frente?*

Sufoquei o pensamento de desespero. Largamos nossas malas no Airbnb e tomamos um fantástico café da manhã na lanchonete onde James Joyce supostamente escreveu alguns de seus romances mais deprimentes (e portanto bem-sucedidos).

O dia foi corrido. Fomos ao culto na Catedral de São Patrício (no qual ambas dormimos acidentalmente), assistimos à atuação de artistas de rua e até comemos um empadão de carne em um pub lotado de homens bem nutridos e de aparência um tanto mal-humorada. Naquela noite, caímos na cama exaustas. Dentro de minutos eu comecei a escutar a respiração constante e profunda de Rebecca e soube que ela estava dormindo. Eu queria desesperadamente dormir. Mas uma vaga sensação de medo me assaltava. Meu cérebro perturbado ficava revendo a imagem do agente humanitário sorridente que havia morrido. Fiquei perturbada com aquilo. Com o mundo tão fora de controle, tão disposto a esmagar até as pessoas amáveis e boas. Como vamos viver? Minha mente nadou preguiçosamente por aquelas águas até cair na inconsciência do sono.

No dia seguinte nos arrastamos para fora da cama, comemos uma banana e um pouco de pasta de amêndoas e pulamos para dentro de um ônibus que levava ao centro da cidade. Íamos visitar o Trinity College, e Rebecca havia conseguido ingressos para uma das melhores atrações de Dublin: o Livro de Kells! Primeiro, percorremos a gloriosa biblioteca do Trinity College, onde há um busto da suposta inspiração para o sr. Darcy de Jane Austen: Thomas Langlois Lefroy, um juiz irlandês. Quem iria pensar que o sr. Darcy era irlandês! Depois ficamos em uma longa fila em um pátio gelado esperando pela oportunidade de ver o muito elogiado Livro de Kells.

Eles aproveitaram ao máximo o material na exposição. Três salas dedicadas aos manuscritos iluminados e à árdua sobrevivência daquele livro muito especial. Antes do cristianismo, a Irlanda era essencialmente uma cultura oral, mas, junto com a história de Cristo, São Patrício também trouxe o alfabeto, e os escribas irlandeses começaram a registrar tudo. Escreveram relatos de seus próprios mitos e lendas, copiaram manuscritos dos grandes textos clássicos, cristãos e pagãos, e, talvez o mais adorável de tudo, fizeram belas reproduções de Evangelhos, Saltérios e Bíblias. Não copiavam apenas por razões práticas, mas pela beleza. Os livros eram elaboradamente pintados, entremeando animais e plantas em folhas, e em cores vivas, uma bela fusão de sua herança cultural e a nova fé.

O Livro de Kells é o evangelho iluminado mais antigo que existe na Irlanda, criado entre os séculos 6 e 9. Supostamente foi iniciado por São Columba (521–597), um dos doze apóstolos da Irlanda. Porém o que o torna único é que ele sobreviveu. Foi criado durante a era viking, quando esses povos do norte atacavam e destruíam cidades costeiras. As comunidades cristãs que floresciam nunca chegaram a se organizar e revidar; os mosteiros nunca aceitaram a ideia de um monge guerreiro. E, assim, os mosteiros foram destruídos, repetidas vezes. Fiquei chocada ao saber, pelas explicações dadas na exposição, que, durante esse período em que o manuscrito foi criado, o mosteiro foi constantemente atacado e incendiado, e a maioria dos monges morreu em uma dessas ocasiões. A capa de couro do Livro de Kells reflete essa história de perigos, pois está queimada pelo fogo, e uma das páginas está faltando.

Aprendi tudo isso serpenteando pelas três salas, esperando pela minha vez para ver o famoso livro, guardado em uma sala escura para que a luz não o danifique, e apenas algumas poucas pessoas podem vê-lo a cada vez. Finalmente, eles deixaram Rebecca e eu entrarmos. Vi o livro inicialmente à distância. Não era muito grande, tendo só um pouco mais de trinta centímetros de altura. Sob o vidro, podíamos ver apenas uma página, mas uma página era o bastante. A primeira coisa que me surpreendeu foi quão vívida era. Aquele livro, de muito mais de mil anos, ainda reluzia, com vermelhos cor de sangue e verdes-floresta brilhantes. E havia também os elaborados desenhos, animais enrolados ao redor de letras, suas caudas entrelaçadas, em detalhes incríveis. A página era contornada por intricados padrões de nós celtas, incrustada com minúsculos padrões característicos, dando a ilusão de movimento, como se o livro estivesse se libertando. Não se parecia com nada que eu já houvesse visto.

Quando nosso tempo se encerrou, e fomos escoltadas para fora, no frio cortante, eu não tinha vontade de falar. Pensei sobre os monges em seu mosteiro, os vikings nunca a mais do que um ano de incendiarem alguma coisa. A sensação devia ser de fim do mundo, pelo menos o fim do mundo deles. Pensei em todos os meus medos, todas as minhas visões da pior coisa que conseguia imaginar que acontecesse. O pior acontecera a eles mais de uma dezena de vezes em vinte anos. E o que lhes parecia mais importante a fazer era criar aquele belo livro.

> **Talvez eles se sentissem sempre no fim do mundo.**

Percebi que eles talvez se sentissem sempre no fim do mundo.

E, de algum modo, isso ajudou.

Transformando trevas em luz

Passei a esperar o fim do mundo. Acho que é algo racional para se fazer, quando todas as gerações que me precederam fizeram o mesmo. Quando olho para o futuro, vejo as múltiplas formas pelas quais o mundo pode acabar, e quando olho para o passado, vejo que o mundo está sempre quase acabando. Como Galadriel diria, vivemos equilibrados no gume de uma faca. É só nos desviarmos um pouco que, bem, você sabe o que acontece. Mas isso é o que é ser humano. Não é só que nos *sentimos* como se estivéssemos à beira da destruição. É que realmente estamos! Estranhamente, no entanto, aceitar essa realidade me ajudou a lidar com a vida em vários aspectos.

Primeiro, há um consolo em enfrentar o fato de que é exatamente assim que o mundo é. Segundo a opinião geral, o período de relativa estabilidade doméstica em que a maioria das pessoas que está lendo este livro cresceu é uma anomalia histórica. Podemos ter a ideia equivocada de que devemos esperar por uma era ou temporada mais estável para buscar por uma vida boa e bela, como se fosse inadequado viver bem se o mundo está desmoronando. O oposto é que é verdadeiro. O mundo está sempre quase acabando. Mas e daí? Sempre foi assim. É aí que se vive a vida, à beira do fim do mundo. Durante os primeiros dias da Segunda Guerra Mundial, C. S. Lewis fez um sermão para os calouros em Oxford. Os calouros se encontravam em um estado de perplexidade, indo da ansiedade pela guerra a uma impaciência para largar os livros e pegar em armas. É bem estranho estudar quando o mundo parece estar acabando. Mas Lewis faz a observação bastante prática de que, em variados graus, sempre pareceu que o mundo estivesse acabando. Nas palavras dele:

> Se os seres humanos tivessem adiado a busca pelo conhecimento e beleza até estarem seguros, a busca nunca teria começado. É um erro compararmos a guerra com a "vida normal". A vida nunca foi normal. Mesmo aqueles períodos que consideramos

> mais tranquilos, como o século 19, revelam-se, sob uma inspeção mais atenta, cheios de crises, temores, dificuldades, emergências. Razões plausíveis nunca faltaram para adiar todas as atividades meramente culturais até que algum perigo iminente fosse evitado ou alguma injustiça clamorosa retificada.[2]

Apesar de muitas razões convincentes para não o fazer, nós continuamos a buscar conhecimento e beleza. A glória peculiar da humanidade é que compomos sinfonias, temos filhos, construímos lares enquanto o mundo está tumultuado. Somos incorrigíveis! Não é que os problemas de nossos tempos não sejam urgentes, que eles não mereçam esforço e atenção valorosos e totais, mas que eles não são inteiramente novos. A própria condição de ser uma criatura sobre uma bola azul que se move no espaço implica que nossa vida seja frágil e nossa sobrevivência, temporária. Se o mundo não acabar, nós acabaremos. Portanto, quando você estiver se arrastando pela vida e tentado a entrar em pânico porque o mundo parece estar se acabando, lembre-se: nada mudou. Sempre foi assim, em graus variáveis. E o mundo acabará um dia. É assim a vida.

Enfrentar a finitude do universo material nos força a um confronto com nossa própria mortalidade. São Jerônimo, o padre do século 5 que traduziu a Bíblia para o latim, frequentemente é retratado em quadros trabalhando duro na tradução da Bíblia, papéis em uma alta pilha sobre a escrivaninha, com uma caveira humana precariamente assentada em cima deles. A caveira lembra a Jerônimo de sua mortalidade, a brevidade da vida, encorajando-o a trabalhar, arrepender-se e amar enquanto ainda pode. Ao longo dos séculos, os santos seguiram-lhe o exemplo, repetindo a frase *memento mori*, traduzida literalmente como “lembre-se de que vai morrer”. É fácil se esquecer.

Lembrarmo-nos de que vamos morrer pode parecer sombrio a nossos ouvidos modernos, mas é simplesmente a realidade. Você, eu e todos os que conhecemos teremos de morrer. Nossos dias neste mundo são limitados. Quer morramos amanhã em um acidente de carro, quer no ano que vem em um holocausto nuclear, quer tranquilamente de velhice, cercados pelas pessoas a quem amamos, nossa vida chegará ao fim. Temos um tempo limitado no palco da vida para comer, trabalhar, dançar, amar, odiar e nos arrepender. Um de meus salmos favoritos pede a Deus: "Ajuda-nos a entender como a vida é breve, para que vivamos com sabedoria" (Sl 90.12). Encontramos a sabedoria quando conhecemos nossas limitações. Lembre-se de que você vai morrer. Mas lembre-se também do Deus que vence a morte. Aqui começamos a adentrar o mistério.

Crer em Deus é crer que algo ou alguém precede, sustenta e vence este mundo material destinado à morte. Crer em Jesus é crer que Deus entrou em nosso mundo material destinado à morte, iniciando um processo que não se pode deter de redenção de todas as coisas. A vida que Jesus viveu era o oposto de guerra, morte e destruição. Ser cristão é viver dentro dessa história permeada pela morte, mas que desafia a morte; viver por uma luz que conseguimos ver do outro lado da porta pela qual ainda não passamos. E, no entanto, essa luzinha ilumina e transforma a vida deste lado do véu. Para mim, é a ressonância interna da vida cristã que testifica de sua verdade. Ela torna melhor a vida neste mundo e, se suas promessas forem verdadeiras, então estou começando a viver a vida que vencerá a morte. Conhecer a Deus é entrar em contato com o mistério que sobreviverá ao universo material, e amar a Deus é roçar na mais fundamental realidade da existência.

Nas margens de um dos manuscritos encontrados no mosteiro de Kells, um monge escreveu um poema sobre seu trabalho no mosteiro e seu amado gato, Pangur. Ele descreve o gato tratando da importante questão de apanhar ratos e a compara a seu próprio trabalho como escriba, criando intricadas iluminuras como aquelas no Livro de Kells. Ele escreve:

Praticando todo dia
Pangur chega à maestria;
E eu sábio vou me tornando
Trevas em luz transformando.[3]

Lendo esses dois últimos pequenos versos eu entendo por que os monges trabalhavam com tanta persistência naquele belo livro enquanto o mundo ao redor pegava fogo Era uma resposta ativa ao mal, uma declaração sobre o que era mais verdadeiro a respeito do mundo. O mal que eles encontravam na violência do ataque destruía seu mundo, trazendo caos onde antes havia ordem, feiura onde antes havia beleza. Nas páginas daqueles Evangelhos, eles viam beleza, esperança e vida eterna. E assim, em vez de se esconder com medo ou de revidar com violência, eles corporificavam o oposto da destruição e do mal; criavam algo belo. Algo que vencia a morte.

Essa é a obra do Espírito. Nos capítulos de abertura de Gênesis está escrito que a escuridão cobria as águas profundas e o Espírito se movia sobre a superfície das águas. Na língua original as palavras transmitem uma imagem vívida. A palavra traduzida como "cobrir" também pode ser traduzida como "chocar", como uma mamãe ave, e "as águas profundas" retratam um tipo de caos primordial. Deus cobre, como a mãe galinha, o grande vazio e caos, trazendo ordem e beleza por meio do ato de criação. Essa é a disposição de Deus em relação a nós e ao nosso mundo. Onde o caos domina, Deus leva ordem, substância onde não havia nada, relacionamento onde havia solidão. Essa é a obra contínua do Espírito, por meio da qual Cristo veio ao mundo. É esse Espírito que portamos quando levamos uma vida que testifica do amor, da criatividade e da união no coração da realidade que a Morte jamais conseguirá vencer, jamais terá a palavra final.

E, assim, trevas em luz transformamos.

Nossa resposta a um mundo desmoronando é agir à imagem do Deus que nos criou. Somos chamados a recriar o que o mal destruiu, a reconciliar o mundo de Deus novamente com Deus, assim como Cristo nos reconciliou. Parece uma tarefa gigantesca, mas Cristo já a realizou. Nossa tarefa é só entrar na dança, declarar com nossa alma e vida que a morte não é o que há de mais verdadeiro no coração do universo, mas sim a vida, a beleza, a alegria. O menor ato pode ser uma declaração do poder criativo de Deus sobre os poderes não criativos da morte e do mal.

Nossa resposta a um mundo desmoronando é agir à imagem do Deus que nos criou. Somos chamados a transformar trevas em luz.

Quando você escreve um poema ou pinta um quadro, você reflete o grande artista que irá extrair beleza da desolação de nosso mundo, e rearmonizar todas as dissonâncias deste mundo.

Quando você faz terapia, procurando não deixar que a dor ou os maus-tratos o destruam, você declara que integridade e proximidade são nosso destino, não alienação, dor e egoísmo.

Quando você planta um jardim no começo do ano, removendo pedras e ervas daninhas, você declara a bondade deste mundo, o carinho e providência de Deus que pulsa no coração de todas as coisas vivas.

Quando você trabalha, ama e ora, pode fazer isso em desafio às trevas que gostariam de nos fazer crer que são a palavra final. Talvez o mundo acabe em doze anos. Se isso acontecer, espero que encontre você e eu levando vidas que sejam o oposto da morte. Quer isso signifique nos banquetear com nossas famílias, compor poesia, plantar rosas, lutar contra a injustiça de todo o coração ou beijar a cabeça de um nenê, que vivamos como se o amor estivesse no coração do universo, movendo-se sobre as trevas, trazendo luz e beleza. Como o monge em sua pequena cela, trabalhando diligentemente no manuscrito iluminado, que levemos vidas que transformem as trevas em luz.

Para ler

"Frente de libertação do fazendeiro irado", de Wendell Berry

Para ver

Imagem digital do Livro de Kells, Trinity College, Dublin
Imagens do telescópio espacial Hubble (grátis na internet)

Para escutar

"Lux Aeterna", de Edward Elgar

Para refletir

Essas obras de arte investigam como seria viver a vida que transforma trevas em luz. O poema de Wendell Berry é uma tirada raivosa e alegre contra um mundo que o convida ao desespero. As gravuras do Livro de Kells retratam o talento artístico de uma comunidade moldada pela esperança apesar das circunstâncias sombrias. O texto da composição de Elgar (significando "luz eterna") vem de uma missa em homenagem aos mortos: Que o descanso eterno lhes seja garantido, ó Senhor, e que a luz perpétua brilhe sobre eles. É um lembrete de que, embora morramos, a eterna luz de Deus nos guarda e protege. Essa luz está encarnada na beleza do cosmos, visível pelas cativantes imagens capturadas pelo Telescópio Espacial Hubble.

Você já enfrentou sua própria mortalidade? Medite sobre a brevidade da vida e como você deveria viver de modo diferente à luz dela. Como transformar trevas em luz?

EPÍLOGO

Doe-se

> Quem se apegar à própria vida a perderá; mas quem abrir mão de sua vida por minha causa a encontrará.
>
> Mateus 10.39

Na cidade escocesa onde moro há uma catedral.

Bem, na verdade são as ruínas de uma catedral, saqueada por uma multidão agitada durante a Reforma e abandonada à decomposição durante quase cinco séculos. Mas uma das primeiras coisas que notei quando cheguei aqui foi que ninguém chama o local de "as ruínas". Chamam de "a Catedral". Isso é apropriado e correto, porque não é, fundamentalmente, um local arruinado. É uma presença viva, uma personalidade, uma guardiã. Essa cidadezinha fica no topo de uma colina que dá para o mar do Norte, e a Catedral é sua coroa. Todas as (três) principais ruas terminam na Catedral. Se você ficar bem distante da cidade, nos campos amarelados de flores na primavera, poderá ver suas torres, magnificentes e douradas ao brilho do sol. É o lugar para o qual tudo aponta nesse antigo local.

Quando me mudei para cá, conseguia ver a Catedral da janela da cozinha. A princípio, eu ficava triste vendo-a ali, um testemunho de sua antiga glória. É absolutamente grandiosa, apenas alguns metros quadrados menor do que a Catedral de

Chartres. Suas pedras cinzentas se elevam alto, resolutas, contra os austeros invernos escoceses. Na frente da Catedral, os padrões intricados esculpidos na pedra ainda são perceptíveis. Imagino algum talentoso canteiro, acostumado ao frio e ao vento, deixando sua marca no mundo, criando um pouco de beleza que eu ainda aprecio mesmo neste estado de ruína.

Vivi à sombra da Catedral por cinco anos. Enquanto termino de escrever este livro, encerro também um capítulo de minha vida. Logo me mudarei, e a velha Gigante não irá mais zelar por mim. Mas, ao me preparar para me aventurar longe dela, tenho consciência da lição que a Catedral me ensinou. E trata-se das últimas palavras que quero lhes transmitir.

Doe-se.

Depois das primeiras semanas aqui, comecei a notar que todas as casas em St. Andrews pareciam estar usando o mesmo uniforme de sólida pedra cinzenta. A uniformidade torna a cidade esteticamente agradável de um jeito sombrio e robusto. O apartamento onde moro agora fica no topo de dois andares de uma casa construída no século 16. Neste exato instante estou olhando para nossa lareira, na qual posso ver a pedra cinzenta e a argamassa originais que mantiveram o frio afastado durante quatrocentos anos.

Essas pedras são da Catedral. Depois que a Catedral se deteriorou a um estado de ruína por um século, os moradores da cidade começaram a usar as pedras da Catedral arruinada para construir casas, igrejas e lojas. Em certo sentido, é bastante audacioso. Consegue imaginar ir até a mais bela igreja que você já viu, derrubá-la e pegar-lhe as pedras para construir sua própria casa? Pois foi o que eles fizeram.

Esta cidade sempre me pareceu mágica, mas, desde que me contaram que as pedras da Catedral serviram para construir a maior parte da cidade, comecei a pensar em uma outra palavra que a descreve melhor: abençoada.

Desde as primeiras igrejas construídas depois da perseguição de Diocleciano, os cristãos abençoaram os locais que veneraram. Isso é chamado de consagração. Consagrar algo é distinguir esse algo como santo e sagrado, marcando indelevelmente como abençoado. Nos tempos medievais, um bispo chegava, benzia o santuário com água benta, ungia o altar com óleo e orava pelo ministério da igreja. As cruzes geralmente eram afixadas ou entalhadas na parede da igreja como um lembrete de que aquele era um local santo. E a pedra angular da igreja era abençoada, dedicada à adoração de Deus.

As pedras que foram usadas para construir essa cidade eram pedras abençoadas.

Aquelas pedras, aquelas pedras abençoadas, são as mesmas pedras que vejo em minha lareira. A Catedral se doou a esta cidadezinha. Cada lar nesta cidade foi construído com suas pedras abençoadas. Não posso deixar de pensar que isso explica a bem-aventurança deste lugar.

Enquanto caminho por St. Andrews, penso nas palavras de Jesus, repetidas diariamente ao redor do mundo: "Este é o meu corpo, entregue por vocês" (Lc 22.19).

A felicidade verdadeira vem de ser como a Catedral, e como Jesus. Vem de se saber abençoado, e de se doar, de modo que cada pessoa que se encontra carregue um pouco dessa bem-aventurança no coração pelo resto da vida. Sei que isso soa como um truísmo, algo que se espera que se diga, mas é realmente verdade. Encontramos nossa vida quando a perdemos. Ganhamos aquilo a que estamos dispostos a renunciar. Deixe-me contar-lhe sobre as vezes em que me senti mais feliz.

Quando acordei, com olhos turvos, às duas da madrugada, diante dos olhos redondos e preocupados de minha sobrinha, Lilian. Quando a consolei, lhe cantei uma canção e a enrolei bem no calor de um cobertor macio e de meus braços amorosos de tia.

Quando amei alguém de todo o coração e o vi, em momentos de glória esplêndida, como Deus o via: complicado, cheio de potencial, mas, acima de tudo, amado e destinado à glória.

Quando devotei todo o meu coração e alma a meu tolo projeto paralelo de um podcast e vi, para a minha surpresa e prazer, que ele empolgava as pessoas.

Quando fiz minha mãe rir, e saboreei o sorriso pleno e espontâneo se abrindo no rosto dela.

Quando celebrei os sucessos de meus amigos, radiante por vê-los florescer, prosperar e alcançar seus objetivos, tornando-se tudo o que haviam sido concebidos para ser.

A verdadeira felicidade é o esquecimento de si mesmo. Ser tão plenamente quem se é que se doa naturalmente ao mundo sem preocupações ou inibições. Às vezes esse gesto é ricamente recompensado com uma retribuição em amor, um reconhecimento do trabalho que se fez, louvores por suas realizações. Mas isso é somente um efeito secundário do principal acontecimento. Conseguir doar-se é a verdadeira bênção. A verdadeira dádiva é se esquecer de si mesmo porque está se doando tudo o que se é à obra, aos entes amados, ao mundo, e descobrir que, de algum modo, você é mais plenamente você por causa disso.

A felicidade verdadeira vem de ser como a Catedral, e como Jesus. Vem de se saber abençoado, e de se doar.

O que é estranho é que descobri que, quanto mais me doo, mais de mim há para dar. Isso me lembra de Jesus alimentando os cinco mil. A história é familiar para a maioria de nós, mas vou repeti-la aqui, ainda assim. Depois que uma multidão se aproxima para escutar Jesus falando, os discípulos ficam preocupados (como costumavam ficar) e dizem a Jesus que eles precisam mandar a multidão embora para que possam encontrar algo para comer. Jesus os frustra dizendo-lhes que *eles* devem alimentar a multidão. Eles objetam que só têm cinco pães e dois peixes. Jesus pega esses alimentos, abençoa-os, reparte-os e os distribui pela multidão. À medida que eles continuam a distribuir e repartir o pão, a quantidade de pães não se reduz; ao contrário, se multiplica. Não é interessante que Jesus não multiplique magicamente os pães, transformando cinco pães em cinco mil? Ele os reparte. E essa partição e doação faz com que eles se multipliquem.

Em meus momentos de medo, de criatura, preocupo-me de que, se continuar dando pedacinhos de mim mesma ao mundo, algum dia me esgotarei, e não haverá mais de mim para dar. Mas não é assim que Deus opera. Quando reparto e doo a mim mesma, o amor em meu coração se multiplica e cresce. Creio que é assim porque, quando nos doamos ao mundo, somos mais como Deus. Quando amamos, somos infinitos, tocamos a eternidade, extraímos de um poço de felicidade que jamais secará.

Uma de minhas passagens favoritas nas Escrituras diz:

> Tenham a mesma atitude demonstrada por Cristo Jesus. Embora *sendo* Deus, não considerou que ser igual a Deus fosse algo a que devesse se apegar. Em vez disso, *esvaziou a si mesmo*.
>
> Filipenses 2.5-7, itálicos meus

Muitos estudos têm sido devotados a descobrir o que significa exatamente Jesus se esvaziar e, portanto, o que significa nós nos esvaziarmos. Um de meus amigos me ajudou a entender isso. O que está sendo descrito não é um esvaziamento que remove algo, mas um que transfere para os outros. Jesus se esvazia no mundo, para que este fique repleto dele. Ao fazê-lo, Jesus não se torna menos; torna-se mais. Nós recebemos a dádiva de Jesus, de Deus, derramada em nós. O amor não está diminuindo; está dando a plenitude de si mesmo a outra pessoa. Quando Jesus faz isso, ele não se torna mais vazio. Porque ele é Deus, há uma quantidade infinita dele mesmo a dar. Na verdade, é isso o que é ser como Deus: esvaziar-se, derramar-se no mundo por meio do amor.

Quando reparto e doo a mim mesma, o amor em meu coração se multiplica e cresce.

Quando nos doamos ao mundo, somos atraídos para o ato de doação de si mesmo de Cristo. Não nos transformamos em versões menores, mais vazias de nós mesmos, porém mais plenas e fortes. Unidos a Cristo, atamos nossa vida à eterna autodoação de Deus. E nunca nos esgotaremos.

Não se recuse a se doar ao mundo. É isso o que você é: uma dádiva. Uma dádiva que ninguém mais pode dar. Você é uma dádiva preciosa para o mundo, e sua felicidade obstinada tornará este mundo um lugar digno de se viver. Não prive o mundo da plenitude com que Deus o concebeu.

Deixo-lhe este desafio: Doe-se. Esvazie-se. Derrame-se no mundo.

Derrame-se no mundo como uma xícara de chá, quente, ponderada, amável, calma, em um planeta cheio de ansiedade, ignorância e crueldade.

Derrame-se no mundo como uma taça de champanhe para um mundo que não sabe que merece ser celebrado, festejado, cortejado, desfrutado.

Derrame-se como uma caneca de água fresca para um mundo sedento, cansado, fatigado, uma fonte de pureza, sustento e refrigério.

Construa sua vida sobre uma rocha e seja como as pedras da Catedral, que abençoam o mundo muito tempo depois de seu corpo ter se fragmentado. Que o mundo seja um lugar onde vale a pena nos alegrarmos porque estamos nele.

Há uma estranha ideia de que as pessoas felizes são superficiais. É absurdo, na verdade, porque a verdadeira felicidade vem de se amar outras pessoas. E o amor vem do poço mais profundo do universo.

Notas

Introdução

[1] Henry David Thoreau, *Walden*, vol. I (Cambridge, MA: Houghton Mifflin, 1854, 1882), p. 15.

[2] "There's no making cases / For getting out or trading places / And there's no turning back / You are here."
Wailin' Jennys, "You Are Here", faixa 12, *Bright Morning Stars*, Red House, 2011, MP3.

1. Faça amizade com a tristeza

[1] J. R. R. Tolkien, *Return of the King* (Boston: Houghton Mifflin, 2001, original 1955), p. 1.007. [No Brasil, *O Retorno do Rei*, O Senhor dos Anéis, Parte III (Rio de Janeiro: HarperCollins Brasil, 2019).]

2. Cambaleie bem

[1] "Trekking stubborn through this season / Of fatigue, I shall / Patch together a content / Of sorts."
Sylvia Plath, "Black Rook in Rainy Weather", *Collected Poems*, org. Ted Hughes (Londres: Faber and Faber, 2015, 1ª ed. 1963), p. 44.

[2] "I grow old… I grow old… / I shall wear the bottoms of my trousers rolled. / Shall I part my hair behind? Do I dare to eat a peach?"
T. S. Eliot, *The Poems of T. S. Eliot Volume 1*, org. Christopher Ricks e Jim McCue (Londres: Faber and Faber, 2015), p. 9.

[3] Dicionário Eletrônico Houaiss, verbete *cambalear*, acepção 1.

[4] Dicionário Eletrônico Houaiss, verbete *cambalear*, acepção 2.

[5] Dante Alighieri, *The Inferno*, trad. Rev. H. F. Cary (Project

Gutenberg, 2004, 2014), <www.gutenberg.org/files/8789/8789-h/8789-h.htm#link1>.

[6] Dante Alighieri, *The Inferno*, trad. Robin Kirkpatrick (Londres: Penguin, 2013).

[7] "Begin the song exactly where you are. / Remain within the world of which you're made. / Call nothing common in the earth or air. / Accept it all and let it be for good. / Start with the very breath you breathe in now, / This moment's pulse, this rhythm in your blood / And listen to it, ringing soft and low. / Stay with the music, words will come in time. / Slow down your breathing. Keep it deep and slow. / Become an open singing bowl, whose chime / Is richness rising out of emptiness, / And timelessness resounding into time. / And when the heart is full of quietness / Begin the song exactly where you are."

Malcolm Guite, "Singing Bowl", *The Singing Bowl* (Norwich: Canterbury Press, 2013).

3. Lembre-se: você tem um corpo!

[1] St. Thomas Aquinas, Summa Theologica, Primeira parte da Segunda parte, Questão 38, Artigo 5, The New Advent Online Edition, <www.newadvent.org/summa/2038.htm>.3. Lembre-se: você tem um corpo!

[2] St. Athanasius, *On the Incarnation*, org. Penelope Lawson (Yonkers, NY: St Vladimir's Seminary Press, 1996), p. 35.

[3] St. Augustine, *Confessions*, org. Henry Chadwick (Oxford: Oxford University Press, 2008), p. 35.

[4] Ibid., p. 201.

[5] Gregory of Nissa, *On the Soul and the Resurrection*, trad. Catharine P. Roth (Crestwood, NY: St. Vladimir's Seminary Press, 1993), p. 59.

4. Desfrute das coisas não ironicamente

[1] C. S. Lewis, *The Four Loves* (San Francisco: HarperOne, 2017,1ª ed. 1960), p. 85. [No Brasil, *Os quatro amores* (Rio de Janeiro: Thomas Nelson Brasil, 2017).]

[2] Jack Gilbert, "A Brief for the Defense", in *Joy: 100 Poems*, org. Christian Wiman (New Haven: Yale University Press, 2019), p. 36.
[3] C. S. Lewis, "Learning in War-Time", sermão pregado na Igreja de Santa Maria a Virgem, Oxford, outono de 1939. Disponível em: <https://bradleyggreen.com/attachments/Lewis.Learning%20in%20War-Time.pdf>.
[4] J. R. R. Tolkien, *The Return of The King* (Boston: Mariner Books, 2012), p. 211. [No Brasil, *O Retorno do Rei*, O Senhor dos Anéis, Parte III (Rio de Janeiro: HarperCollins Brasil, 2019).]
[5] *The Lord of the Rings: The Return of the King*, dirigido por Peter Jackson (2003; Burbank, CA: New Line Cinema), <www.youtube.com/watch?v=BKIgv8AhffA>.

5. Conte a si mesmo uma boa história
[1] Eugene Peterson, *Run with the Horses* (Downers Grove, IL: InterVarsity Press, 2009), p. 39, itálicos meus. [No Brasil, *Corra com os cavalos* (São Paulo/Campinas: Mundo Cristão/Berith, 2024).]

6. Seja como o sr. Collins
[1] *Pride and Prejudice*, dirigido por Simon Langton (Londres: BBC, 1995).
[2] *Cambridge Dictionary*, "Ambition", <https://dictionary.cambridge.org/dictionary/english /ambition>.
[3] *Mamma Mia: Here We Go Again*, dirigido por OI Parker (Santa Monica, CA: Playtone, 2018).
[4] "If you can make one heap of all your winnings / And risk it on one turn of pitch-and-toss, / And lose, and start again at your beginnings / And never breathe a word about your loss."
Rudyard Kipling, "If", *Kipling: Poems*, org. Peter Washington (Londres: Everyman's Library, 2007), p. 117.

7. Creia em Deus
[1] T. S. Eliot, "Hollow Men", *Collected Poems* (Nova York: Harcourt, Brace, and World, 2021), p. 82.

[2] Malcolm Jones, *Dostoevsky and the Dynamics of Religious Experience* (Londres: Anthem Press, 2005), p. 7.
[3] C. S. Lewis, *The Weight of Glory: And Other Addresses* (Nova York: HarperCollins, 2001), p. 141. [No Brasil, *O peso da glória* (Rio de Janeiro: Thomas Nelson Brasil, 2017).]
[4] Jones, *Dostoevsky and the Dynamics of Religious Experience*, p. 7.

8. Aceite o amor
[1] Rabbi Abraham Joshua Heschel, *Man Is Not Alone* (Nova York: Farrar, Straus e Giroux, 1951, 1979), p. 165.

9. Espere o fim do mundo
[1] C. S. Lewis, *The Weight of Glory and Other Addresses* (Stuttgart: Macmillan, 1980), p. 22. [No Brasil, *O peso da glória* (Rio de Janeiro: Thomas Nelson Brasil, 2017).]
[2] Ibid.
[3] "Practice every day has made / Pangur perfect in his trade; / I get wisdom day and night / Turning darkness into light."
Anônimo, "The Scholar and His Cat, Pangur Ban", trad. Robin Flower (1881–1946), <http://irisharchaeology.ie/2013/10/pangurban>.

Sobre a autora

Joy Marie Clarkson é doutora em teologia pela Universidade de St. Andrews. É pesquisadora associada em teologia e literatura no King's College London, editora de livros na Plough Quarterly e apresentadora do podcast *Speaking with Joy*.

Compartilhe suas impressões de leitura,
mencionando o título da obra, pelo e-mail
opiniao-do-leitor@mundocristao.com.br
ou por nossas redes sociais

Esta obra foi composta com tipografia Adobe Caslon Pro
e impressa em papel Pólen Natural 70 g/m² na Imprensa da Fé